세상의 속도에
휩쓸리지 마

# 세상의 속도에
# 휩쓸리지 마

**전업투자자 아빠가 자녀에게 전하는
단단한 삶의 공식**

유이성 지음

북카라반

## 추천사

세 명의 자녀를 두고 있는 투자자로서 자녀들에게 투자 세계의 장단점을 전하고 싶었지만, 자녀의 성향에 따라 받아들이는 게 다르다는 걸 느꼈습니다. 이 책은 제가 단순히 느꼈던 걸 뛰어넘어 깊은 사랑의 방식으로 독서와 다양한 투자 경험을 전달하고자 하는 저자의 외침이 느껴집니다. 영화 〈쇼생크 탈출〉에서 주인공 앤디 듀프레인이 '프리덤'이라고 외쳤던 명장면이 연상됩니다.

- 윤경석(독서모임 밸류리더스 공동회장 1조부자)

한국 교육은 삶에서 경제적 자유가 얼마나 중요한지 가르치지 않고, 사회에 나와서 뒤늦게 알게 된 것을 후회하게 만듭니다. 이 책은 경제적 자유를 이룬 아버지가 자신의 경험을 통해 그것을 전달해줍니다. 어릴 때부터 올바른 금융마인드를 가지고 복리를 누릴 수 있다면, 아이들은 더 멋진 삶을 살아갈 겁니다. 이 책을 추천합니다.

- 구도형(좋은습관)

이 책은 진정한 부자의 삶을 묻습니다. 자본의 세계에서 길을 잃지 않고, 자신의 힘으로 부를 이룬 저자의 경험담과 생생한 사례는 독자들에게 '나의 세상'을 살 용기를 줍니다. 돈, 시간, 자유의 가치를 일깨워주기에 삶의 방향과 답을 찾는 학생, 학부모, 사회 초년생 모두에게 훌륭한 길잡이가 될 것입니다.

— 행복투자(전업투자자)


이 책은 단순한 투자 지침서가 아니라 투자를 넘어 삶의 태도와 자유에 대해 말합니다. 아버지가 자녀에게 건네는 진심 어린 편지처럼 따뜻함이 묻어 있고 독자들에게 삶의 의미와 행복의 본질에 대한 성찰의 기회를 제공합니다. 내 아이가 자유롭고 주체적인 삶을 살아가길 원한다면 자녀와 함께 이 책을 읽어보길 권유합니다.

— 최정환(전업투자자)

작가님을 만나보면 늘 '나도 이런 투자자가 되고 싶다'는 동기부여를 받게 됩니다. 투자를 통해 부자가 되는 사람은 더러 있지만 '더 나은 사람'까지 된다니, 정말 멋진 일이니까요. 우리는 왜 경제적 자유를 얻어야만 하는 걸까요? 주식 투자로 돈을 버는 방법은 다양하고 이를 다룬 책은 세상에 참 많지만 경제적 자유를 얻어야 하는 이유에 대해 깊게 사유하는 책은 많지 않습니다. 이 책은 투자자들이 때로 길을 잃을 때 우리가 왜 이 답안지 없는 여정을 지속해야 하는지, 어떻게, 언제까지 해야 하는지 헤맬 때 나침판이 되어줄 것입니다.

– 앙코(개인투자자)

## 프롤로그

하나야, 지훈아.

이 글을 쓰는 지금, 아빠 머릿속엔 너희가 어릴 때 하던 말투, 걸음걸이, 아빠 손을 꼭 잡던 그 감촉까지 선명히 떠오른다. 세상은 점점 더 복잡해지고 있어. 기계가 사람보다 빠르게 배우고, 돈은 일보다 더 많은 것을 움직여. 정보는 넘치지만, 그 속에서 '내가 누구인지'를 찾는 일은 점점 더 어려워지고 있어.

그래서 아빠는 이 책을 쓰기로 했단다. 이건 단지 돈을 어떻게 벌고, 세상을 어떻게 바라봐야 할지를 알려주는 매뉴얼이 아니야. 아빠가 살아가며 느끼고, 실수하고, 다시 일어서며 깨달은 것들, 그리고 너희가 스스로 삶의 주인이 되길 바라는 마음을 담은 기록이야.

아빠도 한때는 행복이 뭔지, 좋은 선택이 뭔지 몰랐어. 세상이 정해준 답에 맞추려다 자주 부딪혔고, 많이 흔들렸지. 그러다 시간이 흐르면서 하나씩 깨달았단다. 자기 시간을 스스로 다스릴 수 있는 사람만이 진짜 자유로운 사람이라는 걸. 사람들은 말해. "좋은 대학에 가라", "안정된 직장을 가져라", "집을 사야 한다"고.

그 말들이 틀린 건 아니지만, 그 기준들만으로는 너희 삶을 온전히 설명할 수 없어. 너희가 살아갈 세상은 지금과는 많이 다를 거야. 지금 존재하는 많은 직업이 사라지거나 완전히 달라지고, 경쟁의 방식도 바뀔 거야. 그리고 무엇보다, 변화의 속도는 지금보다 훨씬 더 빨라질 거야.

그런 세상에서 정말 중요한 건 외부 기준에 흔들리지 않는 '내면의 기준', 즉 누구의 시간이 아니라 너희 자신의 시간을 살아가는 힘이란다. 이 책은 겉으론 아빠의 이야기처럼 보이지만, 너희가 언젠가 마주하게 될 질문들에 작은 나침반이 되기를 바라는 마음에서 썼어.

삶은 늘 예측할 수 없는 방향으로 흘러가고, 그 흐름 속에서 "어떻게 살 것인가"를 결정하는 건 결국 너희 몫이니까. 아빠는 그 선택을 대신 해줄 수는 없지만, 생각하게 만드는 말들, 기억에 남을 질문들, 스스로 해답을 찾는 길에 작은 도움이 되고 싶어.

하나야, 지훈아.

아빠는 너희가 세상의 소음에 휩쓸리지 않고, 단단하게, 그리고 너희 삶을 사랑하며 살아가길 바란다. 이 책은 그 바람을 담은 아빠의 작은 선물이야. 지금은 다 이해되지 않아도 괜찮아. 언젠가 삶이 복잡해지고, 마음이 흔들릴 때, 이 책이 너희에게 잠시 숨을 고를 수 있는 쉼표가 되길 바란다. 그리고 꼭 기억하자. 너희의 시간은, 너희만의 것이다.

아빠가

**차 례**

프롤로그 __ 8

## 제1부 나를 아는 일
### 존재, 자아, 태도

| | |
|---|---|
| 나는 누구인가? | __ 17 |
| 우리는 왜 살고 있을까? | __ 21 |
| 행복은 무엇일까? | __ 24 |
| 재밌게 산다는 건 | __ 28 |
| 즐거움은 새로운 시작에서 온다 | __ 32 |
| 마음속의 그릇은 종류별로 갖자 | __ 35 |
| 감사합니다. 사랑합니다. 미안합니다. | __ 38 |
| 내게 맞는, 안 맞는, 그리고 만나면 안 되는 사람 | __ 42 |

## 제2부 생각의 힘
### 가치, 판단, 선택

주관적 가치의 중요성 ___ 49
가치 있는 것을 선택하기 ___ 53
프레임에서 벗어나기 ___ 58
노력이란 무엇인가? ___ 63
답은 언제나 바뀔 수 있다 - 인생을 대하는 세 가지 자세 ___ 67
왜 책을 읽어야 할까? ___ 72

## 제3부 돈의 본질
### 경제와 심리, 투자

내가 돈을 좋아하고 사랑하는 이유 ___ 81
사용가치와 교환가치의 차이 ___ 86
돈을 버는 방법 세 가지 ___ 90

| | |
|---|---|
| 가격의 방향은 세 가지 | __ 98 |
| 원금을 잃지 않는 방법이 있을까? | __ 119 |
| 투자는 무엇일까? | __ 126 |
| 나를 키우는 최고의 투자 | __ 130 |
| 계영배 -가득 참을 경계하라 | __ 133 |
| 밀려나는 다수, 살아남는 자 | __ 137 |

## 제4부 아빠가 너희에게 바라는 것은

| | |
|---|---|
| 단단하게, 자기답게 살아가기를 | __ 145 |

| | |
|---|---|
| 에필로그 | __ 148 |

제1부

★★★

# 나를 아는 일

존재, 자아, 태도

# 나는 누구인가?

"자기를 아는 것이 모든 지혜의 시작이다."
- 아리스토텔레스

"사람은 감정으로 판단하고, 그 감정을 스스로도 잘 모른다."
- 모건 하우절

"자신을 이기는 자가 가장 강한 사람이다."
- 공자

하나야, 지훈아.

여유가 조금 생긴 어느 날, 아빠는 문득 이런 생각을 했단다.

"나는 누구지?"

세상을 향하던 시선이 안으로 향했을 때, 비로소 진짜

공부가 시작된다는 걸 알게 됐어. 사람들은 늘 남의 인생엔 관심이 많으면서도 정작 자신이 누구인지는 깊이 생각해보지 않아. 그게 얼마나 큰 실수인지, 아빠는 투자와 삶을 통해 깨달았단다.

『돈의 심리학』에서 모건 하우절은 이렇게 말했어. "우리의 금융 행동은 IQ나 정보가 아니라, 우리가 살아온 경험에 의해 결정된다." 자기를 모르면, 결국 남의 기준에 휘둘리게 되지. 남이 화내면 나도 화내고, 남이 웃으면 억지로 웃게 되고. 그러다 보면 '진짜 나'는 사라지고, '남의 그림자'로만 살아가게 돼.

아빠의 이야기를 하나 들려줄게. 2013년 9월 어느 날, 농장일로 지치고 힘들어 위로가 필요했을 때, 아빠는 가까운 사람에게 부모님과 함께 농장을 하는 것이 힘들다고 불평을 늘어놓았단다. 그러자 그 사람은 차갑게 이렇게 말했어.

"너는 능력이 없으니까 부모 밑에서 소 키우는 거 아니야?"

순간, 분노가 치밀었지. 하지만 그날 밤 아빠는 스스로에게 물었단다.

"정말 그 말이 완전히 틀린 걸까?"

그때 아빠는 '화' 대신 '성찰'을 택했어. 그리고 그 성찰은 결심으로 이어졌지.

"내 능력을 키워야겠다."

그 결심 끝에 주식 공부를 시작했고, 그 후로 조금씩 성장할 수 있었단다. 그날 밤의 결심이 아빠 인생을 새로운 방향으로 바꾸는 시작점이 되었단다. 『돈의 심리학』에서도 강조하듯이 자신을 이해하는 능력은 시장에서 버티는 힘이자, 인생 전체의 방향타야. 그래서 아빠는 꼭 이 말을 전하고 싶어.

"내가 누군지 알면, 내 감정을 다스릴 수 있고, 선택에 확신이 생기며, 후회가 줄어든다."

아빠가 너희에게 '나는 누구인가'라는 노트를 써보라고 했던 이유도 바로 그거야. 자기를 알면 세상이 다르게 보이거든. 그땐 더이상 세상이 나를 흔드는 게 아니라, 내가 세상을 향해 중심을 잡게 되는 거란다. 그리고 나를 알게 되면 '누구 때문에'라는 핑계도 사라지게 된단다.

자신을 아는 것이 인생의 출발점이야.
남의 기대 대신 내 마음에 귀 기울여야 해.
'진짜 나'를 알면 세상이 달라 보여.
후회도 줄고, 선택에 확신이 생기지.
아빠의 한마디!
"나를 아는 힘이 너의 중심을 잡아준다."

# 우리는 왜 살고 있을까?

"삶의 의미는 각자가 부여하는 것이다. 존재가 본질에 앞선다."
- 장 폴 사르트르

"돈은 우리에게 자유를 주지만, 목적은 주지 않는다."
- 모건 하우절

"무위자연無爲自然. 인위적으로 꾸미지 말고,
자연스럽게 살아가라."
- 노자

하나야, 지훈아.

너희는 이런 질문을 해본 적 있니?

"우리는 왜 살고 있을까?"

사실 아빠에게도 이건 아직도 어려운 질문이야. 지금도

계속 스스로에게 묻고 있단다. 하지만 하나는 확실히 말할 수 있어.

"사는 동안 하고 싶은 것을 해보고, 내가 잘하는 것을 누군가와 나누고, 후회 없이 살아가고 싶다."

『돈의 심리학』에서도 비슷한 말이 나와. "돈은 삶을 의미 있게 만들지 않는다. 삶의 의미는 우리가 직접 정의하는 것이다." 그러니 너무 거창한 이유나 목적을 찾기보다는, 지금 이 순간 너의 마음이 자연스레 향하는 그곳에서 삶의 목적을 발견할 수도 있어.

음악을 좋아한다면 음악을, 사람을 좋아한다면 대화를, 도움을 주는 걸 좋아한다면 그걸 하렴. 그게 너희 삶의 의미가 될 수 있어. 삶의 의미는 멀리 있는 게 아니야. 아빠는 이렇게 생각해.

"지금 이 순간, 너의 마음이 향하는 곳에 있다."

그게 바로 너의 존재 이유일지도 모른다.

삶의 의미는 각자가 만드는 거야.

지금 이 순간 네 마음이 향하는 곳에 답이 있어.

아빠의 한마디

"삶은 네가 부여하는 의미로 채워진다."

# 행복은 무엇일까?

"비교는 기쁨의 도둑이다."
- 시어도어 루스벨트

"행복은 남보다 더 가졌다는 느낌이 아니라,
내가 가진 것에 만족하는 마음이다."
- 모건 하우절

"스스로 만족하는 사람은 진정 부유한 사람이다."
- 노자

"행복은 일상의 사소한 것에서 자주 느껴질 때 진짜다."
- 모건 하우절


하나야, 지훈아.

행복이란 건, 크고 대단한 게 아니란다. 하루 동안 아무

일 없이 평온하게 지나갔다면, 그게 얼마나 큰 축복인지 나중에야 알게 될 거야. 아빠는 눈비가 오거나 추운 날을 싫어 했는데, 지금은 행복을 느낀단다. 예전에 소 키울 때는 그런 날이 오면 일이 너무 힘들었지만, 지금은 그런 고된 노동 없이 창밖을 바라볼 수 있으니까.

사람들은 대개 큰 성과를 이룬 날만 기억하려 해. 하지만 삶은 대부분 평범한 날들의 반복이란다. 그러니 너희는 자극을 좇기보다, 작은 기쁨을 누릴 수 있는 감성을 가진 사람이 되길 바란다.

따뜻한 차 한 잔을 마실 수 있는 시간, 두 발로 어디든 걸어갈 수 있는 건강한 몸, 소중한 사람과 나누는 대화, 맑게 갠 하늘, 하루를 무사히 마치고 평안히 잠자리에 드는 순간. 너희가 당연하게 여기는 그 하나하나가 사실은 행복이란다.

이번 하노이 여행 중, 닌빈의 황무아산을 오르다가, 아빠는 행복에 대해 다시 한번 느끼게 되었단다. 숨이 막혀 중간에 쉬면서 문득 이런 생각이 들었어.

"남들이 만들어놓은 세상에 살고 있었구나."

남들이 만든 세상은 편하지. 생각하지 않아도 되니까.

힘들면 평계를 대면 되고, 남들 기준에 맞춰 살면 되니까. 그런데 말이야, 그건 결국 내 삶이 아니었어. 그 속에서 살아가는 건 늘 불편함을 안고 사는 거야.

반면에 내가 세상을 만들어간다면? 그건 바로 생각하며 사는 삶이라는 거야. 스스로 생각하지 않으면, 만들어진 세상에서 벗어날 수 없단다. 생각하면 할수록 세상은 넓어지고, 그 넓은 세상 속에서 선택할 수 있는 자유가 생긴다. 내가 만든 세상은 물질적으로는 중요하지 않아. 그것은 내가 직접 선택한 삶이기 때문이지.

많고 적음은 문제가 되지 않는다. 진짜 중요한 건, 나의 의지로 선택한 삶이라는 사실이란다. 자기가 스스로 만든 세상에 살고 있을 때, 사람은 비로소 진정한 행복을 느끼지 않을까? 아빠가 존경하는 투자 대가, 앙드레 코스톨라니도 이렇게 말했단다.

"진정한 자유는 생각에서 비롯되며, 행복은 그 자유를 누리는 상태다."

행복은 어디 멀리 있는 게 아니야. 지금 이 순간, 너의 마음이 향하는 곳, 그곳에 이미 있을지도 몰라. 행복은 타인이

주는 것이 아니라, 네가 정의하고 살아가는 방식 안에 숨어 있단다.

행복은 크고 대단한 것이 아니라,
평온한 하루하루에 감사하는 마음이란다.
아빠의 한마디!.
"행복은 내 마음에서 시작된다."

# 재밌게 산다는 건

"왜 우린 재밌게 살아야 할까?"
"재밌게 산다는 건 뭘까?"

"즐거움은 반복할수록 삶을 살찌우고,
쾌락은 반복할수록 삶을 갉아먹는다."
- 아빠가

"행복한 사람은 자기가 좋아하는 일을 하며,
좋아하는 사람들과 시간을 보낸다."
- 워런 버핏

"족함을 아는 이는 참으로 부유한 자다."
- 노자

"자신을 아는 자는 강하고,
즐길 줄 아는 자는 오래도록 단단하다."
-『손자병법』

하나야, 지훈아.

우리는 왜 '재밌게' 살아야 할까? 그냥 열심히만 살아도 되는 거 아니냐고 묻는다면, 아빠는 이렇게 말할 거야. "재밌게 살아야 마음에 여유가 생기고, 그 여유가 타인을 품을 수 있는 공간이 되어주기 때문이다".

삶은 그저 참고 버티는 게 아니야. 자신이 좋아하는 것을 할 수 있을 때, 비로소 사람은 삶의 리듬을 찾게 돼. 그런데 요즘은 많은 사람이 "뭐 좋아해?"라고 물으면 "아무거나"라고 대답해. 왜 그럴까? 좋아하는 걸 모르기 때문이야.

무언가를 진심으로 좋아해본 적이 없거나, 너무 오래 잊고 살아서 그래. 그러다 보니 시간만 나면 자극적인 콘텐츠에 빠지거나, 생각 없이 흘려보내게 되지. 그게 나쁘다는 건 아니야. 하지만 그런 소비는, 끝나고 나면 마음 한구석이 더 허전해질 수 있어. 그건 즐거움이라기보다 순간의 쾌락이야. 아빠는 재밌게 산다는 것에 한 가지 조건을 붙이고 싶어.

"마음과 몸에 죄책감 없이 남을 수 있는 즐거움."

"하고 나서 후회 없는 재밌음."

진짜 재밌게 산다는 건, 내가 좋아하는 것을 알고, 그걸 자주 하며 사는 거야. 그게 독서든, 운동이든, 여행이든, 친구와의 대화든 상관없어. 그게 너희를 기쁘게 하고, 에너지를 주면 되는 거야. 그런 삶을 살게 되면, 자연스럽게 마음에 여유가 생겨. 그리고 그 여유는 언젠가 너희가 누군가를 이해하고, 실수를 덮어주고, 다름을 품어주는 힘이 되어줄 거야.

너희가 살아가다 보면, 불편한 사람도 만나고, 상처 받는 말도 듣게 되겠지. 그럴 때도 흔들리지 않고, 너희 중심을 지킬 수 있게 해주는 게 바로 '진짜 즐거움에서 오는 단단한 마음'이야.

"음악을 즐길 줄 아는 사람은, 다툼보다 화음을 먼저 이해한다."(공자의 정신에서)

너희도 너희만의 재미를 천천히 찾아가 보렴. 그걸 찾는 동안, 너희 삶은 이미 훨씬 더 따뜻하고 풍요로워지고 있을 거야.

마음에 여유를 주는 삶이 진짜 재미야.

좋아하는 걸 찾아 자주 하렴.

아빠의 한마디!

"재미는 마음의 힘이다."

# 즐거움은 새로운 시작에서 온다

"변화를 두려워하지 말고, 그 속에서 자신을 발견하라."
-공자

"길은 새로 열리는 것이 아니라, 걷기 시작할 때 비로소 길이 된다."
- 노자

"새로운 시작에는 용기가 필요하고, 그 용기가 삶을 확장시킨다."
- 모건 하우절

"모든 변화는 불편함과 함께 온다.
하지만 그 불편함 너머에 진짜 기쁨이 있다."
- 아빠가

하나야, 지훈아.

즐거움이 어디서 온다고 생각하니? 맛있는 걸 먹을 때?

친구랑 웃을 때? 좋은 경치를 볼 때? 물론 다 맞아. 그런 순간들도 충분히 소중하고 기쁜 경험이야. 그런데 아빠는 살면서 이렇게 느꼈어. 진짜 깊은 즐거움은 '새로운 시작'에서 온다. 뭔가를 처음 시도했을 때, 두렵지만 해냈을 때, 그 순간의 짜릿함과 기쁨은 그 어떤 외부 자극보다 오래 남아.

아빠는 처음 주식 공부를 시작했을 때도 그랬고, 처음 해외여행을 갔을 때도, 처음 글을 써보기 시작했을 때도, 그 모든 순간이 두려우면서도 즐거웠단다.

"새로운 것을 시작한다는 건 익숙한 것들을 내려놓고, 낯선 곳에 나를 던지는 용기를 갖는 거야."

그건 단순히 뭔가를 바꾸는 게 아니라, 내 삶을 확장하는 행위야. 사람들은 종종 안정을 택하지. 익숙한 곳이 더 편하거든. 그런데 말이야, 편안한 삶과 즐거운 삶은 다를 수 있어. 새로운 시작은 불편하지만, 그 안에 진짜 기쁨이 숨어 있어.

너희도 앞으로 수많은 시작을 하게 될 거야. 새로운 친구, 새로운 일, 새로운 도전들. 그럴 때 두려움보다 기대를 먼저 느껴보길 바라. 두려움은 자연스러운 감정이야. 그걸 없애려고 하지 말고, 그걸 안고 시작하는 거야. 그 용기가 쌓이면 즐거움은 자연스럽게 따라오게 되어 있단다.

새로운 시작은 지금 있는 너를 한 걸음 더 자라게 해. 그리고 그 안에 있는 작은 성공의 기쁨은 너를 앞으로 나아가게 만들지. 그걸 반복하다 보면, 어느새 너는 변화를 두려워하지 않고, 즐거움을 창조하는 사람이 되어 있을 거야.

새로운 도전에는 두려움과 함께 기쁨이 있어.
그걸 받아들이고 성장하렴.
아빠의 한마디!
"새로운 시작이 삶을 확장한다."

# 마음속의 그릇은 종류별로 갖자

"사람의 됨됨이는 담을 수 있는 그릇에 달려 있다."
- 노자

"그릇이 작은 사람은 작은 일에 흔들리고,
큰 그릇을 지닌 자는 바다처럼 고요하다."
- 공자

"열정과 배려의 그릇은 클수록 삶이 따뜻해지고,
시기와 탐욕의 그릇은 작을수록 마음이 가벼워진다."
- 아빠가

"마음의 용량은 지식이 아니라, 감정의 균형으로 채워진다."
- 아빠가

하나야, 지훈아.

사람의 마음에도 여러 개의 그릇이 있는 것 같아. 그릇마다 담고 있는 내용도 다르고, 그 크기도 전부 다르지. 아빠는 요즘 이렇게 생각해. 열정과 배려의 그릇은 클수록 좋고, 시기와 탐욕의 그릇은 작을수록 좋다.

열정의 그릇이 크면, 너희는 무언가에 빠져들 수 있어. 더 오래 도전하고, 더 깊게 몰입하게 되지. 배려의 그릇이 크면, 타인의 실수나 말 한마디에 휘둘리지 않아. 관용할 수 있고, 용서할 수 있고, 마음이 더 부드러워져. 반대로 시기와 탐욕의 그릇은 작을수록 좋아. 그 그릇이 크면 클수록 너는 남과 비교하고, 더 가지지 못한 것에 괴로워하게 돼.

이렇듯 많이 담는 것도 중요하지만, 무엇을 담느냐가 중요하지. 시기와 탐욕의 그릇을 작게 만들려면 삶의 방식에 따라 조금씩 바꾸면 된단다. 너희가 즐거움을 느끼고, 재밌게 살고, 자신의 삶을 주체적으로 살아간다면, 자연스럽게 좋은 그릇은 커지고, 불필요한 그릇은 작아지게 돼.

재밌게 사는 삶은, 좋은 감정의 그릇을 풍성하게 키우는 연습이야. 그리고 그 연습이 반복되면, 어느 순간 마음의 무게중심이 달라져 있을 거야. 아빠도 아직 완벽하지 않아. 지금도 내 마음속 그릇들을 계속 들여다보고 있어. 어떤 그릇은 줄여야 하고, 어떤 그릇은 더 키워야 하니까.

"네 마음속의 그릇이 어떤 감정을 자주 담는지를 보면, 네가 어떤 삶을 살고 있는지가 보인다."

그러니, 너희도 마음속 그릇들을 하나하나 바라보며 꼭 필요한 것들로 따뜻하게 채워가길 바란다. 그게 너희의 삶을 깊고 넓게 만드는 힘이 되어줄 거야.

열정과 배려는 키우고, 시기와 탐욕은 줄여야 해.
마음의 균형이 인생의 품격을 만든단다.
아빠의 한마디!
"마음의 그릇이 너를 만든다."

# 감사합니다. 사랑합니다. 미안합니다.

"감사할 줄 아는 사람은 이미 부유한 사람이다."
- 모건 하우절

"사람의 덕은 말에 있고, 그 말은 마음의 거울이다."
- 공자

"도를 아는 자는 다투지 않고, 참된 자는 고개를 숙일 줄 안다."
- 노자

"좋은 관계는 사소한 고백과 진심 어린 표현에서 시작된다."
- 아빠가


하나야, 지훈아.

아빠는 인생을 살아가면서 매일 마음속에 꼭 품어야 할 말이 있다고 생각한단다. 그건 바로 이런 말이야. "감사합니다. 사랑합니다. 미안합니다." 이 세 단어는 짧고 단순하지만, 사람과 사람 사이의 마음을 이어주는 가장 강한 언어야. 이 말을 제대로 알고, 표현할 수 있다면 어떤 관계든 따뜻하게 만들 수 있고, 어떤 상황이든 나를 지키는 내면의 중심이 되어줄 거야.

### 감사합니다

누군가 너에게 친절을 베풀었을 때, 작은 도움을 주었을 때, 심지어 당연해 보이는 일 속에서도 그건 절대 당연한 일이 아니라는 걸 기억해야 해. 고마움을 표현하는 사람은 세상을 받아들이는 자세가 다르단다. "고맙습니다"는 받는 사람을 기쁘게 하고, 말하는 사람을 더 따뜻하게 만들어주는 말이야. 고마움을 느낄 줄 아는 사람은 마음이 열린 사람이고, 그 마음속엔 항상 여유와 넉넉함이 머물러 있지.

### 사랑합니다

사랑은 존중과 배려, 그리고 행동으로 나타나야 해. 사랑한다고 말하면서 화를 쉽게 내거나, 상대를 배려하지 않는다면 그건 진정한 사랑이 아니란다. 사랑은 버팀목이 되어주는 감정이야. 상대가 약해졌을 때, 함께 버텨주고, 때론 조용히 옆에 있어주는 것이 사랑이지. 사랑을 말할 때는, 그 사람의 마음을 먼저 이해하려고 해봐. 사랑은 곧 이해이고, 깊은 이해는 침묵 속에서도 전해지는 따뜻함이야.

### 미안합니다

이 세 단어 중에서 가장 말하기 어려운 게 바로 "미안합니다"일 거야. 우리는 자기 잘못을 인정하는 것이 약함이라고 착각하거든. 하지만 아빠는 말해주고 싶어. 진심으로 사과할 수 있는 사람은 가장 강한 사람이야. 미안하다고 말하는 순간, 너는 약해지는 게 아니라 자신을 돌아보는 용기를 갖는 거야. 진심 어린 사과는 그 자체로 성장이고, 변화의 출발점이야.

아빠가 세상을 살면서 느낀 건, 이 세 단어를 잘 다루는 사람이 인간답고, 품위 있는 삶을 사는 사람이라는 거야. 이 세 단어는 남에게 하는 말이면서, 동시에 너 자신에게도 하는 말이야. 스스로에게 "고마워", 누군가에게 "사랑해", 잘못했을 땐 "미안해", 그렇게 말할 수 있다면, 그 순간 너는 이미 큰 사람이 되어 있는 거란다.

하나야, 지훈아.

이 말들을 마음에 품고 살아가렴. 이 말들이 너희 삶에 중심을 잡아줄 거야. 힘들고 복잡한 순간에도 이 세 단어가 너희의 마음을 정리해주고, 사람들과의 관계를 따뜻하게 만들어줄 거야.

감사합니다. 사랑합니다. 미안합니다.
이 세 단어는 사람과 마음을 이어주는 가장 강한 언어야.
진심으로 표현하렴.
아빠의 한마디!
"이 세 단어가 너의 삶을 따뜻하게 한다."

# 내게 맞는, 안 맞는,
# 그리고 만나면 안 되는 사람

∽

"누구와 시간을 보내느냐가 당신의 미래를 결정한다."
- 워런 버핏

"인간은 논리보다 감정에 영향을 많이 받는다.
그래서 사람은 곧 환경이다."
- 모건 하우절

"군자는 사람을 보고 자신을 돌아보며,
소인은 사람을 보고 남을 흉본다."
- 공자

"좋은 사람 곁에 있으면 본성은 흐트러지지 않는다."
- 노자

"사람은 인생의 방향을 함께 걷는 동행자다. 잘 선택하자."
- 아빠가

하나야, 지훈아.

사람을 잘 만나는 건, 인생을 잘 살아가는 것과 같아. 너희가 앞으로 살아가면서 어떤 사람을 만나느냐에 따라 인생의 속도도 달라지고, 방향도 달라질 수 있단다. 세상엔 수많은 사람이 있어.

그중에는 너를 키워주는 이도 있고, 너를 지치게 만드는 이도 있지. 그리고 반드시 기억해야 해. 세상에는 '절대 만나면 안 되는 사람'도 있다는 걸. 아빠는 사람을 이렇게 나누어 본단다.

내게 맞는 사람

안 맞는 사람

절대 가까이 하면 안 되는 사람

### 내게 맞는 사람

이 사람은 너를 있는 그대로 받아주고, 너의 가능성을 믿어주는 사람이야. 그는 너의 성공을 진심으로 기뻐해주고, 너의 실패를 곁에서 묵묵히 지켜봐주는 사람이야. 너와 대화가 잘 통하고, 함께 있으면 마음이 편안하고, 네가 더 나은 사람이 되고 싶다는 생각이 드는 사람. 그런 사람이 있다면, 그 사람은 너의 인생을 함께 걸어갈 동행자일 거야.

"좋은 사람은 너를 바꾸려 하지 않아, 대신 너 스스로 더 나아지고 싶게 만들어줘."

### 안 맞는 사람

이 사람은 나쁘진 않아. 하지만 너와 리듬이 다르고, 방향이 다른 사람이야. 가끔은 피곤하게 만들고, 가끔은 왜 저렇게 생각하지? 싶은 순간이 많아지지. 이런 사람과는 굳이 싸우거나 갈등할 필요는 없어. 그저 적당한 거리에서 조용히 관계를 정리하거나, 지혜롭게 선을 긋는 것이 더 현명할 때가 많단다. 모든 사람과 친할 수는 없고, 모든 사람과 마음이 맞을 수는 없어. 그건 이해나 용서의 문제가 아니라, 조화의 문제야.

### 절대 가까이 하면 안 되는 사람

"사람은 환경의 영향을 받는다. 그리고 '사람' 자체가 곧 환경이다." 하나야, 지훈아. 이건 정말 중요해서 강조하고 싶다. 아빠는 너희가 다음과 같은 사람들과는 반드시 거리를 두고 살길 바란다. 고마움을 모르는 사람, 자신의 잘못을 절대 인정하지 않는 사람, 남의 불행에서 쾌감을 느끼는 사람, 너를 도구처럼 이용하는 사람. 이런 사람들과 가까이 지내다 보면, 처음엔 괜찮아 보여도 너희의 생각과 감정이 조금씩 병들기 시작할 거야.

그들은 갈등을 피하지 않고 만들고, 자신의 감정을 타인에게 떠넘기고, 진심 어린 관계조차 소모품처럼 다루는 경우가 많단다. 사람과의 관계는 단순히 '좋고 싫다'의 문제가 아니야. 누구와 시간을 보내느냐에 따라, 너희의 판단력, 감정, 삶의 방향까지도 바뀔 수 있단다. 그러니 어떤 사람을 가까이 할지, 누구와 거리를 둘지를 스스로 선택할 수 있는 힘을 꼭 키우길 바란다.

가까이할수록 너 자신을 잃게 되는 사람이 있다는 걸, 절대로 잊지 말았으면 좋겠다. 그러면 좋은 사람은 어떤 사람일까? 아빠는 이렇게 생각해. 작은 일에도 고마움을 표현하는 사람, 커피 한 잔에도 '고마워'가 자연스러운 사람, 네가 실패했을 때 곁에 있어주는 사람, 결과보다 과정을 먼저 묻는 사람, 네가 잘됐을 때 진심으로 기뻐해주는 사람, 질투하지 않고, 함께 웃어주는 사람. 이런 사람이 좋은 사람이야. 그리고 무엇보다, 너도 누군가에게 그런 사람이 되어주었으면 좋겠다.

하나야, 지훈아.

사람은 거울이야. 어떤 사람을 곁에 두느냐에 따라 너 자신이 드러나고, 닮아가게 되어 있어. 그러니 사람을 잘 보고, 잘 느끼고, 조용히 걸러내는 눈을 키우렴. 그 눈이 너의 삶을 안전하게, 그리고 깊이 있게 만들어줄 거야. 내가 어떤 사람인지 돌아보는 시간은, 관계를 지키는 가장 성숙한 방법이란다.

사람은 인생의 방향을 함께하는 동행자야.
좋은 사람과는 깊이, 안 맞는 사람과는 거리 두기,
절대 만나면 안 되는 사람은 멀리 하렴.
아빠의 한마디!
"사람은 너의 거울이자 길잡이다."

제2부

★★★

# 생각의 힘

가치, 판단, 선택

# 주관적 가치의 중요성

"세상은 가격을 알고, 나는 가치를 알아야 한다."
- 워런 버핏

"진리는 다투지 않으며, 도는 스스로 빛난다."
- 노자

"가치를 아는 자는 부유하고, 가치를 흉내내는 자는 가난하다."
- 공자

"다른 사람이 중요하다고 말하는 걸 좇으면,
결국 너는 너의 삶이 아닌 남의 기대에 맞춰 살아가게 된다."
- 아빠가

하나야, 지훈아.

너희는 "가치 있는 삶"이란 무엇이라고 생각하니? 우리가 사는 세상은 모두가 비슷한 것을 중요하다고 말하는 세상이야. 좋은 학교, 안정된 직업, 높은 연봉, 멋진 집, 비싼 차……. 하지만 그게 정말 너희에게도 중요한 걸까? 세상이 중요하다고 말하는 것과 너 자신이 중요하게 여기는 것은 같을 수도 있고, 다를 수도 있어.

그런데 많은 사람은 다르다고 느끼면서도, 다수의 기준을 따라가. 그게 편하고, 검증된 것 같고, 무엇보다 덜 외롭기 때문이야. 하지만 말이야, 진짜 인생은 외로워지는 순간부터 시작돼. 그건 남들과 다르기로 결심한 순간, 내가 정한 가치대로 살기로 선택한 순간이기도 하지.

아빠는 말하고 싶어. 주관적 가치, 즉 "내가 중요하다고 여기는 것" 그걸 지켜나가는 게 진짜 어른이 되는 과정이라고. 그래서 어떤 사람은 화려한 자리에 있어도 공허하고, 어떤 사람은 소박한 하루를 살아도 충만해. 진짜 기준은 남이 아니라, 너 자신 안에 있어.

예를 들어볼까? 누군가는 '돈'이 제일 중요하고, 누군가는 '가족'이, 어떤 사람은 '자유로운 시간'이 더 중요하지. 이건 절대 비교할 수 없는 문제야. "가치"는 각자에게 다르게 느껴지는 것이니까. 주관적 가치란, 내가 스스로를 존중하는 방식이란다.

그러니 남들이 중요하다고 말하는 것보다, 내가 중요하다고 여기는 것을 어떻게 지키며 살아갈 것인지가 더 중요한 질문이 되는 거야. 그리고, 그 질문을 계속 던질 수 있는 사람이 진짜로 자유로운 사람이야. 너희에게 바라는 건 단 하나야. 자기 가치를 남이 정하게 두지 말 것. 그건 곧 삶의 핸들을 남에게 넘기는 것과 같거든. 너희의 핸들은 너희가 쥐고 있어야 해. 세상은 늘 말할 거야.

"그게 정답이야."

"이 길이 안전해."

"모두가 그렇게 살아."

그럴 때, 마음속으로 조용히 되물어봐.

"그건 정말 내게 맞는 걸까?"

세상의 기준보다 네 마음속 기준을 지켜야 해.

그것이 진짜 자유로 가는 길이야.

아빠의 한마디!

"가치란 네가 스스로를 존중하는 방식이다."

# 가치 있는 것을 선택하기

"모든 선택은 나를 만든다. 그러니 신중하라."
- 소크라테스

"시간이 흐른 뒤 후회할 선택은 대부분,
처음부터 마음속에서 '아닌 것'이었다."
- 모건 하우절

"선택이란 운명을 기다리는 것이 아니라, 운명을 만드는 행동이다."
- 공자

"좋은 인생은 좋은 선택의 반복이다."
- 아빠가

하나야, 지훈아.

우리는 하루에도 수십 번씩 선택을 하며 살아간단다. 아침에 무엇을 먹을지, 어떤 옷을 입을지부터 어떤 사람을 만나고, 어떤 길을 걸어갈지를 선택하지. 살아보니 인생은 커다란 결정보다도 작은 선택들의 반복이 결국 방향을 바꾸는 일이더라. 그런데 말이지, 가치 있는 선택이란 대체 무얼까? 아빠는 이렇게 생각해.

"가치 있는 선택은 후회가 적은 선택이다."

그 선택이 주는 결과가 얼마나 크든 작든, 그 선택을 한 '그때의 나'를 이해하고, 인정해줄 수 있다면 그건 충분히 의미 있는 선택이란다. 『돈의 심리학』에는 이런 말이 나와.

"선택의 질은 얼마나 많은 관점을 수용할 수 있느냐에 달려 있다."

이게 무슨 뜻일까? 어떤 선택을 할 때, 그걸 단지 '감정'이나 '습관'으로만 결정하지 말라는 말이야. 더 넓은 시야, 더 깊은 고민, 그리고 다른 관점들을 받아들이는 유연함이 필요하다는 뜻이지.

좋은 선택은 그냥 혼자 오래 고민한다고 만들어지는 게 아니야. 오히려 혼자만의 생각에 오래 빠져 있으면, 점점 더 갇힌 판단을 하게 될 수도 있지. 특히 나와 비슷한 프레임을 가진 사람들과만 대화하면 오히려 더 편향된 시야를 갖게 될 수 있어.

그래서 아빠는 너희에게 이렇게 말하고 싶어. 첫째, 책을 읽어라. 책은 다양한 삶의 관점을 만날 수 있는 가장 안전한 방법이야. 그 안에는 너보다 먼저 수많은 선택을 해온 이들의 흔적이 남아 있어. 그들이 남긴 후회와 성찰이 고스란히 담겨 있지. 그리고 한 권의 책을 쓰기 위해선 엄청난 시간과 자료, 경험이 필요해. 그런데 우리는 단 며칠, 혹은 몇 시간 만에 그들의 삶과 정보를 배울 수 있잖아. 이보다 더 가성비 좋은 배움이 있을까? 아빠도 책을 읽기 전과 후, 삶의 방향과 생각의 확장 속도가 확연히 달라졌단다.

둘째, 나보다 앞서간 사람과 이야기해라. 삶의 선배는, 자신이 겪은 실수를 압축해서 들려주는 사람들이야. 그렇다고 그들의 말을 무조건 따를 필요는 없지만, 이야기를 들어보는 것만으로도 너의 선택의 폭은 넓어지고, 실수의 확률은 줄어들게 될 거야. 아빠도 예전에 소를 키울 때 할아버지 방식만 따르지 않고 출하 성적이 가장 좋은 농장과 가장 낮은 농장을 비교해봤어. 그랬더니 어떻게 키워야 할지

답이 한번에 보였지. 주식투자 공부를 할 때에도 마찬가지였어. 위대한 투자자들의 책을 읽다 보니 방향이 선명하게 잡혔단다. 지금도 아빠는 고민이 생기면 그 분야의 전문가들과 대화를 나누면서 실마리를 찾아가고 있어.

셋째, 최종 선택은 너 스스로 해라. 어떤 사람의 말이 그럴싸해도, 결국 그 선택으로 살아가는 사람은 바로 너야. 그러니 선택할 땐 책임질 수 있는 선택을 해. 그리고 그 선택이 맞든 틀리든 너 자신이 스스로 결정한 삶을 살아가는 경험은 절대 헛되지 않단다. 틀리더라도 수정할 수 있는 경험이 되기에, 어떤 선택도 헛된 건 없단다. 좋은 선택은 단단한 자신감과 깊은 성찰에서 태어난단다.

너희가 삶에서 중요한 선택을 해야 할 때, 단지 '맞는 선택'을 하려고 애쓰기보다, '후회 없는 선택'을 하려고 해보렴. 맞고 틀림은 시간이 지나야 알지만, 후회는 지금의 태도에서 바로 느낄 수 있어. 그러니 스스로에게 물어봐.

"이 선택, 나중에 후회하지 않을까?"

"지금의 나뿐만 아니라, 5년 뒤의 나도 이걸 괜찮다고 말할 수 있을까?"

"내가 사랑하는 사람에게도 이 선택을 추천할 수 있을까?"

이런 질문을 자주 던지는 연습이 너를 더 좋은 방향으로 이끌어줄 거야. 후회 없는 선택이 쌓일수록, 너의 인생은 단단해진단다.

후회 없는 선택을 하렴.
넓은 시야와 유연한 마음으로 다양한 관점을 받아들여야 해.
아빠의 한마디!
"좋은 선택은 깊은 성찰에서 나온다."

# 프레임에서 벗어나기

"사람은 자신이 가진 렌즈로 세상을 본다.
그 렌즈가 자신을 속이기도 한다."
- 모건 하우절

"지혜로운 자는 작음에 머물지 않고,
크고 멀리 나는 자를 바라본다."
- 장자

"프레임은 때론 나를 보호하고, 때론 나를 가둔다."
- 아빠가

하나야, 지훈아.

우리는 누구나 프레임, 즉 자기만의 틀을 가지고 세상을 본단다. 그 프레임은 우리가 살아온 환경, 경험, 감정, 신념이 쌓여서 만들어진 보이지 않는 렌즈 같은 거야. 이 렌즈는 편해. 익숙하고, 안전하지. 그리고 생각할 필요 없이 판단이 바로 서기도 해. 하지만 그 편안함이, 어느 순간 너희를 가두는 감옥이 될 수도 있단다.

『돈의 심리학』에도 이런 말이 나와.

"사람들은 자신의 경험을 전 세계의 평균처럼 여긴다."

자기가 살아본 방식이 전부라고 착각하는 순간, 우리는 다른 가능성, 다른 길, 다른 삶을 받아들이지 못하게 돼. 그게 바로 프레임의 한계야. 이제 아빠가 오래된 이야기를 하나 들려줄게.

『장자』'소요유편逍遙遊篇'에 이런 이야기가 나와. 북해에 곤鯤이라는 거대한 물고기가 있어. 그 곤이 변해서 붕鵬이라는 어마어마한 새가 된단다. 그 날개는 하늘을 가릴 정도로 크고, 한번 날면 9만 리를 날아 남해까지 날아간다고 해. 그런데 작은 연못의 물총새들은 붕새를 보고 비웃었어.

"쟤는 왜 그렇게 힘들게 높이 날아가? 우린 풀숲에 있다가 쏜살같이 날아가도 충분히 행복한데."

작은 새는 작은 하늘만 보며 만족하고, 큰 새는 넓은 하늘을 바라보며 날아오르지. 이 이야기가 말하는 건 바로 이 거야. 사람은 자기 시야가 닿는 만큼만 세상을 이해한다. 그리고 그 시야가 작으면, 큰 꿈을 이해하지 못하고 그걸 '과장'이나 '허영'으로 치부하게 돼. 하지만 넓은 시야를 가진 자는 자신의 한계를 넘어설 수 있어. 높이 나는 붕새처럼, 자기만의 프레임에서 벗어나 진짜 자유로운 공간으로 날아갈 수 있단다.

우리는 프레임에서 벗어나기 위해 무엇을 해야 할까? 곤도 처음부터 높이 날 수 있었던 건 아니야. 바닷속에서 수없이 도약하며, 하늘로 나아갈 길을 스스로 만들어갔겠지. 즉, 꾸준한 노력이 뒷받침되는 학습과 낯선 세계로 도약하려는 용기가 필요해. 익숙한 프레임에서 벗어나려면, 공부도 필요하고, 새로운 곳으로 가보는 용기도 있어야 해.

하지만 그보다 먼저 필요한 건, '내가 가진 생각이 정말 맞는 걸까?' 하고 스스로에게 묻는 용기야. 그래서 아빠는 너희가 가끔은 지금 믿고 있는 생각들을 조용히 되짚어보는 연습을 해봤으면 해.

"내가 믿고 있는 게 정말 옳은 걸까?"

"왜 나는 이 관점으로만 세상을 보고 있지?"

"다른 생각은 어떤 이야기를 하고 있을까?"

이 질문은 때로는 혼란스럽고 불편할 수 있어. 익숙했던 세계가 흔들리는 기분이 들 수 있으니까. 하지만 그 불편함의 문을 통과할 수 있어야 그 너머에 있는 진짜 성장의 세계로 갈 수 있어. 아빠는 이렇게 말해주고 싶어.

"두려움은, 변화 앞에 선 자만이 느낄 수 있는 신호야."

새로운 시도는 늘 두렵지. 하지만 그 두려움은 지금의 너를 넘어서려는 너 자신의 신호일지도 몰라. 그러니 기억해줘. 프레임을 깬다는 건, 지금까지의 익숙함을 내려놓고, 더 큰 시야를 향해 날갯짓하는 일이라는 걸. 너희 안에도 붕새의 날개가 있어. 그걸 펴고 날아오르기만 하면 돼. 두려움을 이겨낸 자만이, 진짜 나를 만날 수 있단다.

익숙한 틀에서 벗어나 넓은 시야를 갖는 게 중요해.
불편함을 두려워 말고, 성장의 신호로 받아들이렴.
아빠의 한마디!
"두려움을 이겨내는 자만이 진짜 자유를 얻는다."

# 노력이란 무엇인가?

"재능은 시작을 도와주지만, 노력은 끝을 바꾼다."
- 존 맥스웰

"복리는 단기 결과가 아니라, 시간과 일관성의 보상이다."
- 모건 하우절

"큰 나무는 천천히 자란다.
그늘도 오래 가려면 뿌리가 깊어야 한다."
- 장자

"진짜 노력은, 남이 먼저 알아보는 것이다."
- 아빠가

"작은 것이라도 꾸준히 하는 것이 노력이다.
큰 것을 하기 위해 꼭 큰 힘이 필요하지 않다."
- 아빠가

하나야, 지훈아.

노력이란 무엇까? 그건 아마도, 아무도 보지 않는 시간 속에서 조용히 자기 자신을 다듬어가는 성장의 방식일 거야. '1만 시간의 법칙'을 들어봤지? 어떤 분야든 1만 시간을 꾸준히 투자하면 전문가가 된다는 이야기야. 하지만 아빠는 이렇게 생각해

"대단한 일을 하기 위해 꼭 대단한 노력이 필요한 건 아니야."

작은 노력을 매일 꾸준히 쌓다 보면 어느 날 문득, 기대하지 않았던 큰 결과로 돌아오게 되거든. 누구나 노력한다고 말하지만, 정말로 '노력다운 노력'을 했던 사람은 드물어. 아빠도 특별한 재능은 없었어. 어릴 적부터 뭔가를 빨리 깨우치거나, 쉽게 앞서가는 타입이 아니었거든. 그래서 아빠는 이런 방식으로 버텼단다.

"남들보다 더 오래, 더 깊게 버티는 것."

그게 바로 아빠의 무기였어. 끈기와 지속성.

『돈의 심리학』에도 이런 말이 나오지.

"복리는 단기 승부가 아니라, 인내를 견뎌낸 자에게 돌

아오는 보상이다."

노력도 마찬가지야. 한 번의 폭발적인 집중이 아니라, 지속 가능한 반복이 결국 좋은 결과를 만든단다. 그런데 여기서 더 중요한 게 있어. 그건 바로 '양질의 노력'이야. 노력에도 방향이 있어야 해. 엉뚱한 방향으로 10년을 달리면, 그건 후회로 돌아올 수 있거든. 그래서 아빠가 생각하는 좋은 노력의 세 가지 조건을 이야기해줄게.

첫째, 올바른 방향을 잡는 것. 무작정 달리는 게 아니라, 내가 지금 어디로 가고 있는지를 아는 것. 둘째, 좋은 멘토의 조언을 구하는 것. 나보다 먼저 그 길을 걸어본 사람들의 말엔 경험이 압축된 지혜가 담겨 있어. 혼자서는 보이지 않던 길이, 그 말 한마디로 열리기도 해. 셋째, 정직한 반복을 이어가는 것. 노력은 내가 얼마나 성실한지, 얼마나 변명을 줄일 수 있는지의 싸움이야. 비 오는 날에도, 피곤한 날에도, 묵묵히 반복하는 태도. 장자는 이렇게 말했어.

"큰 나무는 천천히 자란다. 급하게 자라면, 오래 버티지 못한다."

사람도 마찬가지야. 너무 빨리 올라가려고 하지 마. 느려도 돼. 하지만 진짜로 쌓이면 절대 무너지지 않아. 그리고 말이야, 진짜 노력은 "내가 알아채기 전에, 남이 먼저 알아보는 것"이야. 누가 시켜서 하는 게 아니고, 보상을 기대하지도 않고, 그저 내 삶의 일부처럼 반복하는 노력. 그건 어느 순간, 사람의 기운을 바꾸고 실력이 되고, 신뢰가 되고, 인생의 복리 자산이 되는 거야. 그러니까, 너희도 하루를 마칠 때 스스로에게 이렇게 물어보렴.

"나는 오늘, 어제보다 조금 더 나아졌을까?"

이 작고 조용한 질문이 너희를 아주 멀리, 그리고 깊게 데려다줄 거야.

노력은 꾸준한 반복과 올바른 방향이 중요하다.
급하지 말고, 깊게 뿌리 내려라.
아빠의 한마디!
"꾸준함이 최고의 무기다."

# 답은 언제나 바뀔 수 있다
## 인생을 대하는 세 가지 자세

"사람은 답을 찾기 위해 산다기보다,
답을 수정하며 성장하는 존재다."
- 장자

"답을 찾고, 검증하고, 수정하라.
그게 생각하는 사람의 자세다."
- 소크라테스

"인생은 정답을 찾는 여정이 아니라,
더 나은 방향으로 조정해가는 항해다."
- 아빠가

하나야, 지훈아.

아빠는 인생을 살다 보니 '정답'이라는 건 생각보다 자주 바뀐다는 걸 알게 되었단다. 우리는 자주 "이게 맞을까?", "정답이 뭘까?", "그땐 왜 그렇게 생각했지?" 이런 질문들을 하며 살아가지. 처음에는 답을 찾는 게 가장 중요하다고 생각했단다. 하지만 시간이 지날수록, 답을 '바꾸는 용기'가 더 중요하다는 걸 깨달았어. 특히 투자자에게는 이게 정말 중요하지.

투자를 하다 보면, 처음 세운 아이디어가 중간에 훼손되는 경우가 있어. 그럴 때 결단을 내리지 못하면, 결국 큰 손실로 이어지기도 한단다. 아빠도 그런 경험을 했고, 주변에서도 자주 보아왔지. 그래서 아빠는 답을 바꾸는 용기의 소중함을 몸소 느낄 수 있었단다. 아빠는 인생을 살아가는 세 가지 자세를 이렇게 정리해봤어.

### 첫째, 답을 찾는 태도

탐색. 무언가를 새롭게 알아가고, 몰랐던 것을 배우며, 질문을 던지는 태도야. 어릴 때는 모든 게 질문이야.

"왜 그래?"

"그건 뭐야?"

"어떻게 되는 거야?"

그런데 나이를 먹을수록 질문이 줄고, 확신만 커지지. 하지만 정말 중요한 건 질문을 멈추지 않는 용기야.

"진짜 어른은 답을 많이 아는 사람이 아니라, 질문을 멈추지 않는 사람이야."

### 둘째, 답을 검증하는 태도

성찰. 내가 찾은 답이 맞는지 실제로 살아보며, 부딪히며 검증해보는 과정이야. 이건 단순히 확인이 아니라, 경험과 피드백을 받아들이는 태도지. 책에서 본 내용, 선배가 말한 조언, 내가 믿고 있는 신념까지도 다시 돌아보는 용기, 그게 바로 검증이야.

### 셋째, 답을 수정하는 태도

유연함. 여기서 가장 어려운 게 이거야. 사람은 자신이 한 말을 바꾸는 걸 부끄러워하고, 자신이 했던 선택을 끝까지 고수하려는 마음이 크거든. 하지만 아빠는 말하고 싶어.

"답을 바꾸는 건 실패가 아니라, 더 나아지기 위한 조정이다."

장자의 철학은 여기에 잘 어울려. 장자는 말했단다.

"도는 하나가 아니다. 누구의 말이 옳은지 따지는 것보다, 어떤 말이 지금 나에게 더 맞는지를 보는 게 지혜다."

그래서 아빠는 너희가 삶을 살아가면서 누구보다도 이 질문을 자주 던져보길 바란다.

"나는 지금 무엇을 정답이라고 믿고 있지?"

"그 믿음은 언제 만들어졌을까?"

"지금도 유효한가?"

이 질문을 던질 줄 아는 사람은 세상과 자기 자신을 유연하게 바라보는 사람이야. 아빠는 주식 스터디 동생들과 이야기하다가 문득 이런 말을 했어.

"답을 찾고, 검증하고, 수정하는 이 세 가지를 생각하며 살아간다면 그 어떤 상황도 결국 나의 성장으로 연결될 수 있다."

그러니 기억해줘. 답은 언제든 바뀔 수 있어. 그걸 받아들이는 용기가 너희를 어른으로, 그리고 진짜 너 자신으로 이끌어줄 거야.

정답을 찾기보다, 답을 수정하며 성장하는 태도를 가져라.

유연함이 진짜 지혜다.

아빠의 한마디!

"변화에 열린 마음이 성장의 열쇠다."

# 왜 책을 읽어야 할까?

"독서는 다른 사람의 인생을 아주 싸게 빌려오는 것이다."
- 찰리 멍거

"좋은 책은 복리처럼 쌓인다."
- 모건 하우절

"글을 배우는 이유는 세상을 올바르게 보기 위함이다."
- 공자

"도道는 마음으로 터득하고, 책은 도를 안내한다."
- 노자

"독서는 가장 저렴한 투자이자, 최고의 복리 수익이다."
- 아빠가

하나야, 지훈아.

책은 아빠의 삶을 바꾼 가장 값진 도구였단다. 처음에는 막연하게 "공부를 해야 하니까" 책을 읽었어. 그런데 시간이 지나면서, 책은 단순히 지식을 쌓는 도구가 아니라, 삶의 방향을 알려주는 지도라는 걸 알게 되었지. 아빠는 책을 통해 나보다 먼저 살아본 사람들의 인생을 빌려 썼어.

그들이 남긴 실수와 후회, 그들이 얻은 교훈과 통찰은 내가 직접 겪지 않아도 내 삶에 적용할 수 있었어. 책을 읽는다는 건 "타인의 인생을 나의 인생 속에 조용히 들여놓는 일"이야. 그들의 눈으로 세상을 다시 보고, 그들의 판단으로 다시 생각해보는 일이기도 해. 『돈의 심리학』에도 이런 말이 나와.

"많은 성공은 정보보다 감정, 감정보다 경험에서 나온다."

그 경험을 가장 빠르고, 가장 안전하게, 가장 값싸게 얻는 방법이 바로 독서란다. 아빠는 너희가 단지 '많은 책'을 읽는 사람이 되기보다, '좋은 책'을 읽고, 그 안의 메시지를 삶에 반영할 줄 아는 사람이 되길 바라. 책이 주는 진짜 힘은 읽고 난 뒤의 삶이 달라지는 데에 있어.

어떤 책을 읽으면 좋을까? 역사책은 너희에게 인류의 흐름과 반복되는 실수를 보여줄 거야. 철학책은 너희 생각을 더 깊고 유연하게 만들어줄 거야. 심리책은 감정을 이해하고 다스리는 힘을 줄 거고, 경제·투자 관련 책은 세상을 움직이는 힘을 읽는 눈을 줄 거야. 문학은 사람의 마음을 더 깊이 이해하게 해줄 거야. 슬픔, 기쁨, 상실, 희망, 즉 모든 감정을 안전하게 체험할 수 있는 통로니까.

책은 안목을 키우고, 선택 앞에서 흔들리지 않도록 너희를 단단하게 만들어줄 거야. 세상이 요란하고, 사람들의 말이 많을수록 책 속의 조용한 문장 하나가 너희 삶의 방향을 잡아줄 나침반이 되어줄 거야. 아빠는 지금도 책을 읽어. 그리고 아직도 책 한 권에서 스무 살의 마음처럼 감탄하거나, 실수처럼 후회하고, 가끔은 울기도 한단다. 그건 책이 언제나 사람을 다시 사람답게 만드는 도구이기 때문이야. 그러니 너희도 삶이 흔들릴 때마다 책을 펼쳐보렴. 그 안에 있는 문장 하나가 너를 붙잡아주고, 어디로 가야 할지 알려줄 거야.

"책 한 권이 삶을 바꾸진 않아도, 책 속의 한 문장이 삶의 방향을 바꿀 수 있어. 그게 바로 독서가 가진 힘이란다."

아빠는 이 글을 쓰면서 모건 하우절의 『돈의 심리학』 내용을 종종 인용하고 있단다. 우리 집의 필독서 중 하나가 바로 이 책이고, 너희도 한 번씩은 읽어본 책이지. 그리고 아빠가 지인들에게 가장 많이 추천하는 책이기도 하단다. 아빠가 이 책에서 가장 깊이 마음에 새긴 문장은 두 가지야.

"돈은 나를 지켜주는 힘이다."

"부자가 되는 사람은 많지만, 부자로 죽는 사람은 드물다."

이 두 문장이 아빠 마음속에 단단한 근육처럼 자리 잡고 있단다. 결국, 좋은 책은 세상의 소음 속에서 너만의 길을 찾게 해주는 조용한 나침반이 되어줄 거야."

🌿

**책은 다른 이들의 경험을 가장 빠르고 안전하게 배우는 도구다.**
**좋은 책을 읽고 삶에 적용하렴.**
**아빠의 한마디!**
**"책 속 문장 하나가 삶의 방향을 바꾼다."**

제3부

★★★

# 돈의 본질

경제와 심리, 투자

사실, 아빠가 책을 쓴 건 이번이 두 번째란다. 첫 번째 책은 5년 전, '한국형 투자론'에 대해 썼어. 아빠는 박스권 투자에 강했거든. 우리나라 시장은 장기적으로 박스권에 머무는 경향이 있어서, 그에 맞춘 전략이 잘 맞았지. 그 책은 원래 너희가 성인이 되면 전해주려고 했단다.

하지만, 작년부터 아빠의 생각이 조금 달라졌어. 투자보다 더 중요한 게 있다는 걸 알게 되었거든. '내가 누구인지', '생각하는 힘이 얼마나 단단한지', 이런 것들이 약한 상태에서 투자 세계에 들어간다면, 그 안에서 버티고 살아남는 일 자체가 결코 쉽지 않다는 걸 아빠는 주변 사람들을 보며 뼈저리게 느꼈단다.

그래서 이번 책은 조금 다른 방식으로 너희에게 전하고 싶었어. 투자에만 몰입하면 돈은 어느 정도 벌 수는 있어도,

그걸 지키고, 더 깊고 넓게 성장시키는 건 또 다른 문제더라.

아빠는 투자와 자신을 완전히 분리할 수는 없다고 생각해. 하지만 지난 10년 넘게 주식 스터디를 하고, 수많은 지인을 만나면서 느꼈어. 대부분은 투자 공부에만 집중하지, '자기 자신을 아는 일'에는 익숙하지 않더라. 누구보다 빨리 자산을 불리고 싶어서 시장에만 매달리다 보면 결국 시장의 오르내림에 휘둘리게 되고, 그 결과와는 상관없이 표정이 어두운 사람들을 많이 보았단다.

투자는 돈을 버는 수단 중 하나일 뿐인데, 어느 순간 그게 인생의 목적처럼 되어버린 사람들이 있었어. 자산은 많아졌지만, 얼굴빛이 밝지 않은 사람들이었지. 아빠는 그런 모습을 보며 점점 확신하게 됐어. 생각의 힘, 그리고 나를 아는 일이 먼저라는 걸. 지금까지는 '내가 왜 나를 알아야 하는지', '왜 생각의 힘을 길러야 하는지'에 대해 이야기했지. 이제부터는 본격적으로, '돈'에 대해 이야기해보려 한다.

# 내가 돈을 좋아하고 사랑하는 이유

"돈은 나를 지켜주는 힘이다."
- 모건 하우절

"돈은 좋은 하인이지만, 나쁜 주인이다."
- 프랜시스 베이컨

"돈은 내 삶을 바꾼 도구이자,
내가 사랑하는 사람들을 지켜주는 방패다."
- 아빠가

하나야, 지훈아.

아빠는 돈을 좋아해. 그리고 돈을 사랑한단다. 이 말이 좀 어색하게 들릴 수도 있겠지. "돈보다 중요한 게 많다"는 말도 자주 듣고, "돈을 사랑하면 안 된다"는 말도 있잖아.

그런데 아빠는 이렇게 말하고 싶어.

"돈을 좋아하는 건 부끄러운 일이 아니야. 돈을 왜, 어떻게 좋아하느냐가 더 중요하지."

돈을 단순히 더 많이 가지려는 욕심이라면, 그건 나를 가둬두는 슬픈 욕망이겠지. 하지만 아빠에게 돈은 '자유'였고, '기회'였고, 그리고 내가 사랑하는 사람을 지켜줄 수 있는 '힘'이었단다.

아빠가 돈을 사랑하게 된 건 어느 날 갑자기 생긴 욕심 때문이 아니란다. 돈이 없어서 할 수 없었던 것들, 참아야 했던 순간들, 늘 엄마와 너희에게 넉넉히 해줄 수 없었던 현실 때문이었어. 그런 일들은 너무 많았지.

지금도 기억에 남는 몇 가지를 이야기해보면 28세에 부당한 일을 겪고, 대치동에서 집으로 돌아오는 길에 눈물을 흘렸던 그 겨울날. 결혼 후 생활비가 부족해 3년 동안은 늘 같은 스프리스 검정 추리닝만 입어야 했던 시절. 외식이라고 해봐야 돈가스나 짜장면에서 벗어나지 못했던 날들. 모임에 나가면 친구들은 다녀온 여행과 경험을 자랑했지만, 나는 그저 조용히 듣고만 있었던 시간들. 부모님 밑에서 농장일을 하며 대출 만기 때마다 연장을 위해 관계자 눈치를 보아야 했던 시절. 그리고 가장 가까운 사람이 내 자존심을 지켜주지 않고, 함부로 대했던 순간들까지. 그때 아빠는 마음속으로 이렇게 다짐했단다.

"앞으로의 삶은, 돈 때문에 주눅 들지 않는 삶이었으면 좋겠다."

그 다짐은 곧 "더 벌어야 한다"는 생각으로 이어졌고, 농장을 하면서 인터넷 광고 사업도 시작했지만, 결국 불타던 열정은 새까만 숯처럼 사라져 버렸어. 지나고 보니, 그때의 나는 하고 싶은 마음만 있었지 모든 면에서 준비가 부족했던 사람이었단다.

그러나 시간이 흐르면서 나를 객관적으로 바라볼 수 있게 되었고, 조금씩 성장하며 마침내 경제적인 어려움에서 벗어날 수 있었지. 물론 돈이 있다고 해서 무조건 행복해지는 건 아니야. 하지만 돈이 없으면 선택조차 할 수 없는 상황이 너무 많았단다. 내가 원해서 하지 않는 것과 할 수 없어서 못하는 것은 완전히 다르거든. 아빠는 그래서 돈이 주는 자유를 진심으로 사랑하게 되었어.

내가 일하고 싶은 시간에 일할 수 있는 자유, 내가 싫은 사람과 거리를 둘 수 있는 자유, 내가 사랑하는 사람을 도울 수 있는 자유, 내가 배우고 싶은 걸 배우는 자유. 그 모든 게 돈이 있기에 가능했던 자유였단다.『돈의 심리학』에도 이런 말이 있어.

"사람들이 진짜로 원하는 건 돈이 아니라, 자신의 방식으로 살 수 있는 자유다."

돈은 결국 '삶의 방식을 선택할 수 있는 '열쇠'야. 그 열쇠가 없으면 남이 정해준 길을 걷고, 남이 만든 룰에 따라 살아야 해. 아빠는 그게 싫었어. 그래서 돈을 공부했고, 돈을 벌기 위해 노력했고, 그 과정을 통해 더 많은 걸 배울 수 있었단다.

하지만 너희가 반드시 기억해야 할 게 있어. 돈을 목표로 삼으면, 끝없이 부족하고 불안한 삶이 돼. 돈은 수단이 되어야 해. 삶을 자유롭게 만들기 위한 수단. 사람을 행복하게 하기 위한 수단. 장자라면 이렇게 말했을 거야.

"도를 좇는 사람은, 그 도를 지키기 위해 필요한 것을 취할 뿐 그것에 지배되지 않는다."

돈도 마찬가지야. 돈을 사랑하되, 돈에 휘둘리지 말고, 돈을 지배하되, 인간다움을 잃지 말 것. 아빠가 너희에게 바라는 건 돈을 부끄러워하지 않고, 돈을 현명하게 사랑할 줄 아는 사람이 되는 거야. 그건 분명, 너희 삶을 훨씬 더 넓고 자유롭게 만들어줄 거야.

돈은 자유와 기회의 열쇠다.
돈을 부끄러워하지 말고 현명하게 사랑하렴.
아빠의 한마디!
"돈은 네 삶의 도구다."

# 사용가치와 교환가치의 차이

"진짜 가치는 쓰임에서 나오고, 거짓된 가치는 가격에서 나온다."
- 장자

"무용지용無用之用이라, 쓸모없음에도 쓸모가 있다."
- 장자

"가치는 마음속에 있고, 가격은 시장에 있다."
- 워런 버핏

"모든 것은 쓸모가 있을 때 빛난다.
하지만 모든 쓸모가 돈으로 환산되진 않는다."
- 아빠가


하나야, 지훈아.

우리가 살아가는 세상은 어느 순간부터 모든 것을 '얼

마냐'로 평가하는 사회가 되어버렸단다. 비싼 옷이 더 멋져 보이고, 큰 집에 사는 사람이 더 인생을 잘산 것처럼 여겨지기도 하지. 그런데 아빠는 너희가 꼭 구분할 수 있었으면 해. '사용가치'와 '교환가치'는 다르다는 것. 교환가치는 얼마에 팔 수 있느냐를 묻는 것이고, 사용가치는 그걸 어떻게, 누구를 위해 쓰느냐를 묻는 거야.

예를 들어, 어떤 책은 단돈 1만 원이지만 누군가의 인생을 바꿔 놓을 수도 있어. 그게 바로 사용가치야. 반면, 몇백만 원짜리 명품도 단지 소유하기 위한 목적이라면 그건 교환가치만 남은 물건이지. 장자는 이렇게 말했어.

"쓸모없다고 여겨지는 휘어진 나무는 아무도 베어가지 않기 때문에 오히려 오래 살아남는다."

사람들도 마찬가지야. 세상이 '무쓸모'하다고 여기는 능력 속에도 진짜 인간다움과 아름다움이 숨어 있을 수 있어. 그런데 문제는 우리가 이 '교환가치 중심의 시선' 때문에 자꾸 힘들어하고, 불행을 느낀다는 거야. 우리는 두 가지 고통을 겪고 있어.

첫째, 비교의 고통. 누가 더 많이 벌고, 누가 더 좋은 걸

쓰는지 보면서, 자기 삶의 만족보다 남과의 차이를 먼저 보는 삶. 둘째, 가치 괴리의 고통. 내 삶에선 정말 의미 있는 것이 세상에선 아무 의미도 없는 것처럼 느껴질 때. 가치는 있는데, 숫자가 없다는 이유로 무시당하는 고통이야.

예를 들어, 누군가는 하루를 정성껏 살아가는 데 만족을 느끼지만 그건 경제적 숫자로 보상되지 않기에 무의미하다고 느껴져. 반대로, 사람들에게 아무런 도움이 되지 않는 일이라도 돈을 많이 벌면 대단한 사람으로 포장되기도 하지.

이렇게 가치와 가격 사이의 간극이 커질수록, 사람들은 점점 더 지치게 돼. 아빠는 그걸 '가치의 괴리'라고 불러. 너희는 '가치의 괴리'에서 벗어날 수 있는 지혜를 갖길 바라. 가격은 외부 기준이고, 가치는 내 삶의 의미야. 그래서 이런 질문을 자주 던져보면 좋아.

"이건 내 삶에 어떤 영향을 줄까?"

"이건 나를 성장시키는가, 단지 남에게 보여주기 위한 건가?"

"나는 이것을 '소비'하는가, 아니면 '쓰고' 있는가?"

세상은 점점 더 '교환가치의 언어'로 움직이고 있어. 하지만 진짜로 잘 사는 사람은 '사용가치의 기준'으로 살아가는 사람이란다. 그 사람은 겉보다 속을 보고, 가격보다 방향을 보고, 비교보다 본질을 봐.

장자는 그걸 '무용지용無用之用', 즉 "쓸모없어 보이지만 진짜 쓸모가 있는 것"이라 했지. 세상에 휘둘리지 말고, 너의 눈으로 가치를 보면 좋겠어. 이 기준을 마음에 새기면, 남이 정한 가치가 아닌 너희만의 기준으로 살아갈 수 있을 거야. 그게 진짜 자유로운 삶이 아닐까?

진짜 가치는 쓰임에 있고, 가격과는 다르다.
내 삶의 가치를 먼저 생각하렴.
아빠의 한마디!
"가치가 삶을 만든다."

# 돈을 버는 방법 세 가지

"자본은 당신이 잠자는 동안에도 일하는 유일한 친구다."
- 워런 버핏

"노동은 한계가 있다.
하지만 자본은 시간이 지날수록 힘이 세진다."
- 모건 하우절

"복리의 마법은 조용하지만 확실하다.
그 힘을 믿고 시간을 기다리는 자가 결국 자유를 얻는다."
- 아빠가

하나야, 지훈아.

이 세상에서 돈을 버는 방식은 오직 세 가지밖에 없단다. 노동, 사업, 투자. 사람들은 복잡한 금융 지식이나 투자

비법을 찾지만, 그 모든 걸 압축하면 결국 이 세 갈래 중 어디를 걷느냐의 문제로 귀결돼. 여기에서는 아빠가 너희에게 "돈을 대하는 태도"와 "돈이 일하게 만드는 방법"을 가장 체계적으로 정리해서 남길게.

### 첫째, 노동 – 타인을 위한 시간을 돈으로 바꾸는 방식

노동은 가장 본능적이고, 정직하게 돈을 버는 방식이야. 누군가의 필요를 채워주는 대가로 노동자의 시간과 몸, 정신, 에너지를 들여 돈을 버는 구조지. 학교 선생님은 지식을 나누고, 의사는 환자를 치료하고, 요리사는 배고픔을 해결해주고, 택배기사는 물건을 전달해줘. 이 모든 일은 시간과 노력의 교환이야. 누군가의 '필요'를 노동자가 채워주는 거지.

그런데 중요한 건, 이 구조는 한계가 명확하다는 것이야. 몸이 아프면 수입도 멈춰. 시간이 지나면 체력도 줄어. 아무리 잘해도 하루는 24시간뿐이야. 이걸 아빠는 이렇게 표현했어. '연봉 = 시간×타인을 위한 노동(육체/정신)' 즉, 시간은 고정된 상수이고, 그걸 어떻게 쓰느냐가 너희의 수익 구조를 결정해.

### 둘째, 사업 - 시스템이 돈을 벌게 만드는 방식

사업은 노동보다 한 단계 확장된 구조야. 내가 계속 일하지 않아도 사람, 시스템, 기술, 콘텐츠가 대신 일해서 돈을 벌게 하지. 예를 들면, 빵집을 열고, 빵 만드는 법을 직원에게 전수해서 돌리는 구조, 유튜브 영상을 만들어 한 번 올려두면 24시간 조회수가 돈이 되는 구조, 온라인 쇼핑몰을 자동화해 내가 자는 동안에도 주문이 들어오는 구조.

이건 '지속 가능한 흐름'을 만드는 것이 핵심이야. '사업 소득 = 가치 생산 × 시스템 레버리지.' 물론 사업에는 리스크가 있어. 초기 자본, 운영 역량, 마케팅, 책임……. 하지만 시스템을 만들고 구조를 갖추면, 나의 시간에서 해방되는 소득을 만들 수 있어.

### 셋째, 투자 - 돈이 돈을 버는 구조

그리고 마지막이자 가장 중요한 건 투자야. 이건 내가 직접 일하지 않아도, 돈이 나 대신 일하는 구조지. 주식을 사면 기업이 일해서 나에게 배당을 주고, ETF를 사면 시장 전체가 성장하면서 내 자산이 복리로 늘고, 부동산을 사면 매달 임대료가 들어오고, 채권을 사면 정기적으로 이자가 나오지. 이 투자는 아주 느리게 시작하지만, 시간이 길어질수록 강력해지는 복리라는 엔진을 달고 있어. 『돈의 심리학』에도 이런 말이 나와.

"복리는 단기 수익이 아니라, 오랫동안 버틴 자에게 돌아가는 보상이다."

### 세 가지 구조의 차이

| 구분 | 핵심 개념 | 소득 발생 방식 | 시간 활용 | 장점 | 한계 또는 리스트 |
|---|---|---|---|---|---|
| 노동 | 타인을 위한 시간과 노력 | 노동 시간만큼 소득 발생 | 1:1 | 정직하고 즉각적인 보상 | 시간이 멈추면 소득도 멈춤 |
| 사업 | 시스템과 구조를 통한 반복 소득 | 사람이 아닌 시스템이 소득을 창출 | 레버리지 | 확장 가능성, 반복 수익 | 초기 자본과 운영 리스크 존재 |
| 투자 | 돈이 돈을 버는 구조 | 자신이 복리로 성장하며 수익 창출 | 복리 | 시간 우위, 수면 중 수익 가능 | 단기 성과 미약, 시장 리스크 존재 |

### 아빠가 만들어낸 인생 공식

연봉 = 시간 × 타인을 위한 노동(육체/정신)

부자 연봉 = 시간 × 나를 위한 노동(자산/시스템)

가난한 연봉 = 시간 ÷ 나를 위한 노동

시간은 누구에게나 공평하게 주어지지. 그래서 상수로 놓고 나 또는 타인을 위해 사용하느냐에 따라 결과는 달라지지. 그리고 나를 위한 노동이 의미 없는 노동이라면 시간이 갈수록 내 삶의 질이 낮아질 수밖에 없어.

그래서 아빠는 이렇게 생각해. 노동으로 시드머니를 만든다. 시드머니를 잘 설계된 사업이나 자본에 투자한다. 자산을 복리 구조에 실어 오랜 시간 지켜본다. 이게 바로 노동 → 사업 → 투자, 이 세 단계를 넘어가는 현실적이고 강력한 전략이란다.

그런데 왜 대부분은 투자자가 되지 못할까? 바로 보이는 수익만 믿고, 보이지 않는 복리의 시간은 무시하기 때문이야. 투자는 즉각적인 성과를 보여주지 않아. 하지만 '시간'과 '꾸준함'이란 두 날개를 달면 어느 순간 그 투자는 너희를 자유롭게 만들어줘.

## 돈을 버는 세 가지 방식 - 핵심 요약표

| 구분 | 설명 | 공식 표현 | 장점 | 단점 |
|---|---|---|---|---|
| 노동 | 시간과 에너지를 투입해 즉각적 보상 받는 구조 | 연봉 = 시간 × 타인을 위한 노동 (육체/정신) | 안전성, 실시간 수입 | 체력 의존, 시간 소모, 확정성 낮음 |
| 사업 | 시스템과 사람을 통해 구조적 수익 창출 | 사업소득 = 가치 생산 × 시스템 레버리지 | 확장성, 시간 해방 가능 | 실패 시 리스크 큼, 운영 능력 필요 |
| 투자 | 돈이 일하고 나는 기다리는 구조 | 부자 연봉 = 시간 × 나를 위한 노동(자산) | 복리 성장, 시간의 자유 확보 | 초기 자본 필요, 성과 지연, 인내력 요구 |
| 소모형 | 아무것도 남지 않는 무의미한 시간 소비 구조 | 가난한 연봉 = 시간 ÷ 나를 위한 노동 | 없음 | 삶의 낭비, 성장 없음, 계속 반복되는 지침 |

### 돈을 버는 3단계 인생 전략

[1단계] 노동

시드머니(종잣돈) 확보

- 타인을 위한 시간 투자
- 즉각적 수익 구조
- 시간은 고정, 수익은 선형 증가

[2단계] 사업

시스템 구축

- 구조화된 반복 수익
- 사람·도구·콘텐츠가 일하게 함
- 리스크 있지만 확장 가능

[3단계] 투자

복리 수익 구조 진입

- 돈이 일하고 나는 기다리는 구조
- 자산이 자산을 낳는 순환

- 장기적 시간 우위 확보
→ 최종 목표 : 시간의 자유와 선택의 주도권

마지막으로 꼭 기억하렴. 진짜 부자는 '돈이 많은 사람'이 아니라, '시간이 자기 편인 사람'이다. 그러니까 너희도 언젠가 이 공식이 떠오르면 조용히 이렇게 되뇌어봐.

"나는 지금, 시간을 타인을 위해 쓰고 있는가? 아니면 나를 위해 투자하고 있는가?"

지금 나는 시간을 어디에 쓰고 있는가? 내 하루 중 얼마나 많은 시간이 나를 위한 것인가? 나에게 지금 있는 돈은 누군가의 노동 결과인가, 아니면 자본이 만들어낸 흐름인가? 그 질문이 너희 삶을 바꾸게 될 거야.

노동, 사업, 투자 이 세 가지로 돈을 번다.
시드머니를 만든 뒤, 사업과 투자로 시간을 벌어라.
아빠의 한마디!
"시간이 네 진짜 부다."

# 가격의 방향은 세 가지

"장기적으로 주식시장은 낙관론자에게 보상하고,
단기적으로는 인내심 있는 자에게 보상한다."
- 워런 버핏

"인간은 정보를 통해 행동하지 않고,
감정에 따라 돈을 움직인다."
- 모건 하우절

"우상향 자산을 찾았으면, 지금부터는 인내와의 싸움이다."
- 아빠가

하나야, 지훈아.

인생에도 각자의 길이 있듯, 자산도 저마다 다른 방향으로 움직인단다. 어떤 건 시간이 갈수록 더 빛나고, 어떤 건 아무리 싸게 보여도 결국 더 아래로 내려가고 말지. 아빠가 오늘 해주고 싶은 이야기는 '가격의 방향'이야. 이건 단순히 숫자나 그래프를 보는 게 아니라, 그 자산이 가진 생명력, 방향성, 시간이 만들어주는 힘을 느끼는 일이란다. 자산의 방향은 크게 세 가지로 나눌 수 있어.

### 첫째, 우상향 자산 – 시간과 함께 빛나는 자산

시간이 지날수록 가치가 오르는 자산이 있어. 대표적인 예로 마이크로소프트, 애플, 코카콜라 같은 기업들이 있지. 사람들의 삶과 함께 성장하고, 위기가 와도 결국엔 다시 일어나 더 멀리 나아가는 기업들이야. 이런 자산은 잠깐의 흔들림은 있지만, 뿌리 깊은 나무처럼 꾸준히 자라고, 시간이 흐를수록 너희 삶을 풍요롭게 해줄 거야.

### 둘째, 우하향 자산 – 겉보기엔 싸지만, 속은 무너진 자산

겉으론 싸 보여서 유혹이 되지만, 실은 경쟁력을 잃었거나 변화에 적응하지 못한 자산들도 있어. 예전에는 좋았지만, 시대가 바뀌고 기술이 바뀌면서 더 이상 의미 없는 것들이지. 이런 자산은 아무리 기다려도 다시 빛나기 어렵단다. 우하향 자산의 가장 큰 특징은, 기다릴수록 마음도 자산도 같이 닳아버린다는 거야.

### 셋째, 박스권 자산 – 그 자리에서 맴도는 자산

오르락내리락 반복만 하는 자산들도 있어. 마치 제자리걸음을 하는 느낌이지. 반도체, 원자재, 조선, 화학 같은 사이클 업종이 대표적인 예야. 타이밍을 잘 맞추면 수익이 날 수도 있지만, 반대로 타이밍을 놓치면 똑같은 자산에서 손실을 반복하게 돼. 박스권 자산은 늘 깨어 있어야 하고, 민감하게 타이밍을 읽고 행동해야 하지. 그래서 그런 자산은 에너지와 집중력이 많이 필요하지. 그럼 어떻게 해야 할까?

하나야, 지훈아.

아빠는 너희가 가능하면 늘 '우상향 자산'을 중심에 두고 살아가길 바란단다. 물론 우상향 자산이라고 해서, 영원히 그렇진 않아. 한때는 반짝였던 기업도 경쟁력을 잃으면 방향이 바뀔 수 있어. 그러니 중요한 건 계속 지켜보는 것, 관심을 갖는 것, 그리고 그 자산이 여전히 '살아 있는가'를 느끼는 거야.

반대로 지금은 우하향처럼 보여도 어떤 기업은 기술을 바꾸고, 구조를 바꾸며 다시 우상향 자산으로 전환되기도 하지. 그래서 우리는 방향을 판단하되, 마음은 유연하게 가져야 한단다. 시장은 늘 너희를 흔들 거야.

"지금은 고점이야."

"이제 끝났어."

"대폭락이 올 거야."

뉴스는 언제나 자극적인 말로 우리 마음을 흔들지. 하지만 꼭 기억하렴. 가격은 흔들려도, 가치 있는 자산은 결국 제자리를 찾아가. 좋은 기업은 조정 후 다시 일어나고, 좋은 산업은 위기를 딛고 더 크게 도약한단다.『돈의 심리학』에서도 강조했지.

"인간은 정보를 통해 행동하지 않고, 감정에 따라 돈을 움직인다."

결국, 진짜 힘은 '가만히 있을 수 있는 힘.' 투자에서 가장 어려운 건 무엇을 살까보다, 산 뒤에 얼마나 오래 가만히 있을 수 있느냐야. 시장에서 가장 강한 사람은 정보가 많은 사람이 아니라, 자기 감정을 다스릴 수 있는 사람이야.

그래서 아빠는 말하고 싶어. 우상향 자산을 찾았으면, 흔들려도 팔지 말고, 복리의 시간을 믿으며, 내 삶의 방향과 맞게 천천히, 꾸준히 걸어가자. 그렇게 쌓아온 시간은, 언젠가 너희 삶에 진짜 자유라는 열매로 돌아올 거야.

부록
# 우상향 자산을 고르는
# 2단계

**1단계. 우상향하는 나라부터 골라라.**

아무리 좋은 기업도, 그 기업이 뿌리내린 나라가 침몰하고 있다면 우상향은 불가능하단다.

## A. 우상향 국가의 조건

| 항목 | 설명 |
|---|---|
| 1. 법치와 사유재산 보호 | 자산이 강제로 침해되지 않는 시스템 |
| 2. 자본시장과 기업 시스템 | 상장·퇴출, 자금 조달, 경제 생태계가 작동하는가 |
| 3. 인구 구조와 소비력 | 노동·소비 인구가 줄지 않는가 |
| 4. 통화 신뢰성 | 환율, 금리, 인플레이션이 장기적으로 안정적인가 |
| 5. 글로벌 연결성 | 수출·기술·금융 등 세계시장에서 통용되는가 |

## B. 미국 vs 중국 vs 한국 비교

| 항목 | 미국 | 중국 | 한국 |
|---|---|---|---|
| 사유재산 보호 | 헌법 보장, 법치 중심 | 당국 개입 빈번 | 법률상 보장되나 규제 강함 |
| 기업 생태계 | S&P500: 경쟁 + 퇴출 구조 | 국유기업 중심, 민간 통제 강화 | 대기업 중심, 중소기업 성장 제한 |
| 인구·소비 구조 | 안정적 소비시장, 이민 수용 | 고령화 + 청년 실업 심각 | 초저출산, 내수 비중 약함 |
| 통화·환율 안정성 | 기축통화, 글로벌 신뢰 | 위안화 통제, 투명성 부족 | 원화 변동성 큼, 외부 의존도 높음 |
| 정치·외교 리스크 | 정권 교체에도 시스템 유지 | 독재체제, 지정학 리스크 상존 | 지정학적 위치, 양극화 정치 불안정 |

★ 돈은 결국 자유를 따라 움직인단다.

## C. 그래서 나는 미국을 '우상향 국가'로 본단다.

- 기업이 죽으면 퇴출되고, 잘하면 살아남는 구조
- 투자자가 기업의 주인인 주주자본주의 시스템
- 자금, 아이디어, 인재가 계속 유입되는 나라

• S&P500이 그 대표적 결과물이란다.

S&P500이 왜 '자동 우상향'인가? S&P500은 단순한 주가지수가 아니란다. 그것은 살아남은 기업들의 정수精髓이자, 미국 자본주의 시스템의 복리 엔진이란다. S&P500의 구조적 우상향 메커니즘. S&P500이 오르는 건 단지 기업이 잘해서가 아니란다. 미국 국민 전체가 그들의 자산을 거기에 '지속적으로, 장기적으로' 맡기기 때문이다. 401(k)는 미국 자본주의의 복리 시스템이고, 그 끝에 있는 자산이 바로 S&P500이다. 자산은 그냥 오르지 않는단다. 오를 수 있는 땅, 오를 수 있는 제도, 오를 수 있는 나라 위에 있어야 한다. 그래서 나는 먼저 묻고 싶어. "내 자산은 어디에 뿌리를 두고 있는가?"

| 항목 | 설명 |
|---|---|
| 1. 성공 기업 자동 반영 | 미국 상장 기업 중 상위 500개로 구성 → 애플, 구글, 엔비디아 등 지속 편입 |
| 2. 실패한 기업 자동 탈락 | 실적 악화, 시총 하락 기업은 자연스럽게 탈락(예: 코닥, 시어스 등) |
| 3. 복리처럼 성장하는 구조 | 잘되는 기업만 남고, 리밸런싱으로 지속 갱신 → 복리의 기계 |
| 4. 글로벌 자금 유입 | 전 세계 ETF·연금·국부펀드 자금이 지속 유입 → 유동성 탄탄 |
| 5. 산업 구조의 유연성 | 기술, 금융, 소비재 등 경제 흐름에 따라 산업 비중 자동 조절 |
| 6. US 401(k) 퇴직연금 시스템 | 미국 근로자 대부분이 S&P500 중심의 연금 상품에 자동 납입 |
| → 매월 수천만 명이 자발적으로, 장기적으로 자금을 넣는 구조 | |
| → 기업 주가의 하방을 떠받치고, 상승에 복리 압력을 더하는 구조 | |

**2단계. 그 안에서 우상향 자산을 고른다.**

우상향 국가를 골랐다면, 그 안에서 무엇을 살 것인지가 다음 질문이란다. 자산은 오를 수도 있고, 가만히 있거나, 내려갈 수도 있단다. 그중 우상향 자산을 고르는 일은, 단기 수익이 아니라 장기 방향성에 투자하는 일이지.

A. 우상향 자산이란?
- 시간이 지날수록 가치와 가격이 함께 올라가는 자산
- 외부 충격에도 무너지지 않고, 오히려 회복력이 더 강해지는 자산

[예시]
- 글로벌 장수기업: 애플, 마이크로소프트, 코카콜라
- 시장지수: S&P500, 나스닥100, VTI
- 실물 자산: 좋은 입지의 부동산, 배당 성장주, 브랜드 IP, 특허 기반 사업

우상향 자산은 단기 뉴스보다 장기 생존력이 더 중요한 자산이란다.

## B. 우상향 자산의 5가지 공통점

| 항목 | 설명 |
| --- | --- |
| 1. 꾸준한 수익 창출 | 실적, 현금 흐름, 배당 등 눈에 보이는 경제적 성과가 있다 |
| 2. 해자 Moat | 경쟁자가 쉽게 들어올 수 없는 진입 장벽이 있다(기술력, 브랜드, 네트워크 등) |
| 3. 네트워크/브랜드 효과 | 시간이 지날수록 사용자·인지도·충성도 등이 누적된다 |
| 4. 시대 흐름과 일치 | 기술, 소비, 인구, ESG 등 사회적·산업적 흐름을 탄다 |
| 5. 위기 시 복원력 | 위기 때 무너지지 않고 살아남는다 → 진짜 우상향은 '복원력'이 핵심이다 |

## C. 우상향 자산이 아닌 것들의 특징

- 단기 테마성 급등주: 본질 가치 없이 사람들의 기대에만 올라간다.
- 지속 가능한 수익이 없다: 경쟁력이 있는 제품이 없다.
- 위기 시 존립이 흔들린다: 위기마다 구조조정, 부채 과다

등
- 주주보다 경영진 중심 구조: 자본의 보호보다 내부자 이익 우선

## D. 투자 대가들이 '좋은 기업'을 고르는 기준

단지 숫자만 보는 것이 아니라, 눈앞의 주가보다 그 안에 담긴 기업의 이야기를 보는 힘이란다.

### 1. 피터 린치의 기준
- ⚜ "당신이 이해할 수 있는 사업에 투자하라"
  - 내가 아는 브랜드, 자주 쓰는 제품, 익숙한 서비스
  - 단순하고 직관적인 비즈니스 모델
  - 시장점유율이 증가하고 실적이 따라오는 회사
  - 실적보다 주가가 너무 앞서간 종목은 피하라

### 2. 필립 피셔의 기준
- ⚜ "성장주의 본질은 질적 분석이다"

- 독보적인 기술력이나 특허를 가진 기업
- 경영진의 신뢰도와 주주 중심 마인드
- 혁신과 신제품으로 시장 내 자리매김
- 매출·이익·마진의 질적 개선이 있는 회사

## 3. 랄프 웬저의 기준

◉ "작지만 위대한 기업을 찾아라"

- 대중의 레이더에 안 잡히지만 꾸준히 성장하는 중소형주
- 고객 충성도, 반복 매출 구조, 틈새 시장 존재
- 가격에 민감하지 않은 제품 → 브랜드력
- 재투자 구조가 뚜렷하고 현금흐름이 안정적

## 4. 워런 버핏의 기준

◉ "10년 뒤에도 그 자산이 남아 있는가?"

- 사라지지 않는 소비 습관에 기반한 사업
- 배당 또는 재투자 시스템이 강한 구조

- 높은 ROE, 넓은 해자, 위기 생존 경험
- 주주 중심의 자본 운용

**이들의 공통된 핵심**
"이해 가능한 사업"
"지속 가능성"
"이익 구조의 복리화"

이 세 가지는 단순한 조건이 아니라, 우상향 자산이 가져야 할 본질적인 생명력이란다. 그리고 꼭 기억해줘. 이 기준 중 단 하나라도 무너진다면, 그 자산은 더 이상 우상향하지 않을 가능성이 커진다는 것을 말이야.

그래서 우리는 투자한 이후에도 늘 관찰하고 점검해야 해. 국가든 기업이든 늘 관찰하고 점검해야 한단다. 그 국가나 기업이 여전히 '이해 가능한 구조'인지, 미래에도 살아남을 '지속 가능성'이 있는지, 이익이 복리처럼 쌓이는 '구조'를 유지하고 있는지를 말이야. "자산이 우상향하려면, 우리의 관점도 함께 우상향해야 한단다." 이건 단지 돈을 불리는 기술이 아니라, 돈과 함께 살아가는 태도야.

### E. 가장 쉬운 방법: 우상향 국가의 지수에 투자하라

모든 기업을 분석하고 공부하지 않아도 된단다. 이미 좋은 기업만 걸러주는 구조가 존재한단다. 그것이 바로 우상향 국가의 대표 지수란다.

[대표 지수 예시]
- S&P500
- 살아남은 500대 상장 기업으로 자동 구성
- 실적이 악화되면 탈락하고, 성장 기업은 편입되는 자동 복리 시스템
- NASDAQ100
- 기술 성장주의 핵심 기업군
- 미국의 미래 산업이 담긴 집합체
- VTI: 미국 전체 주식시장 통합. 대형주부터 소형주까

지 포함한 가장 넓은 분산형 지수

오랜 시간 투자를 해온 대가들조차 "장기적으로는 시장을 이기는 게 아니라 시장과 함께 가는 게 답이다"고 말했단다. 기업 분석이 어렵다면, 시장을 사라. 시장조차 어렵다면, 시장을 만드는 나라를 사라. 우상향 자산은 기업을 고르는 일이기도 하지만, 동시에 내가 얼마나 단순하게, 꾸준하게, 흔들리지 않고 갈 수 있는지의 문제이기도 하단다. 그래서 돈보다 더 중요한 것은 방향, 방향보다 더 중요한 것은 지속 가능성이란다.

번외

# 아빠의 투자 여정
## 나의 변화, 나의 기준

하나야, 지훈아. 아빠는 10년 넘게 직접 투자하며, 그때그때 시장과 삶에 맞춰 방식도 달라졌단다. 그 변화를 너희에게 꼭 들려주고 싶어.

### 2014~2017년
### 실적이 답이다
"숫자로 말하는 주식"

이 시기의 아빠는 윌리엄 오닐 방식으로 투자했단다. 매출보다 영업이익 증가율이 높은 기업, 그리고 분기 실적이 '어닝

서프라이즈'인 종목을 찾아다녔지. "성장률 높은 업종 안에서, 깜짝 실적을 내는 기업."

단기 3~12개월 안에 끝나는, 철저한 분기 중심 투자. 그래서 하루하루 뉴스, 실적 발표 일정에 긴장감을 놓을 수 없었어. 주담(회사 담당자)과 통화하고, 기업 탐방도 다니고……. 체력도 신경도 항상 긴장 상태였지. 덕분에 자산은 빠르게 늘어났지만, 농장일과 주식투자를 병행했기에 목과 허리가 망가지기 시작했고, 삶의 균형이 흔들렸단다.

## 2018~2023년
### 숨은 보석을 찾다
"저평가 성장주"

이때부터는 시장에서 잘 안 보이는 기업들을 찾았어. 그리고 남들보다 좀더 싸게 살려고 노력을 했지. 그러나 분명히 업황이 좋아지고, 트리거(방아쇠)가 보이는 종목들이었지. "아직 화려한 조명은 받지 못했지만, 곧 사람들이 주목할 만한 기업." 이 시기 역시 국내 박스장에서 업황 + 패턴 + 기업 분석으로 짧게는 몇 개월, 길게는 2년 이내 매매를 했단다.

아빠의 특징은 딱 세 가지
- 업황 분석
- 기업 분석(실적·전망·리스크 파악)
- 차트 신호(아빠만의 매매 시그널)

그 3박자가 맞아떨어질 때, 매수를 했고 주로 불타기로 수량을 늘렸단다. 확신 있는 종목에는 점진적으로 더 강하게 투자하는 방식이었지.

### 2024년 이후
### 함께 걸을 수 있는 회사를 찾는다
"동행 투자"

2024년부터 우상향 자산에 관심을 갖기 시작했단다. 너희와 더 많은 시간을 보내고, 아픈 몸을 돌보며 지내다 보니 아빠는 투자 방향을 다시 고민하게 되었단다. 그 과정에서 우상향 자산과 지속 가능성이 무엇보다 중요하다는 걸 깨닫게 되었어.

"이 회사는 10년 후에도 살아 있을까?"

"내 자산도, 내 삶도 무너지지 않게 해줄까?"

이제 아빠는 투자에서 '속도'보다 '지속 가능성', 단기 수익보다 '방향'을 더 중요하게 여기게 되었어. 그렇게 변화하며 얻은 결론은 이거야.

"돈은 빠르게 버는 것보다, 오래 지키는 게 더 어렵다."

그래서 이제는 함께 걷는 투자를 하고 있단다. 이렇듯 아빠는 그때그때의 상황에 따라 투자 방식을 달리해왔지만, 늘 기본에 충실하려 노력했단다.

하나야, 지훈아.

옷을 여러 스타일로 입어봐야 내게 맞는 옷을 알 수 있듯이, 투자도 여러 방식으로 겪어보아야 자신에게 맞는 길을 알게 되지. 하지만 그 모든 과정에서 가장 중요한 건, 언제나 '기본'에 충실하는 자세란다. 기초가 단단하지 않으면 아무리 멋져 보여도 결국 무너지는 법이니까.

♢

우상향 자산에 집중하고 인내하렴.
아빠의 한마디!
"인내는 최고의 투자다.
그리고 그 인내는 너를 지켜줄 가장 단단한 무기란다."

# 원금을 잃지 않는 방법이 있을까?

"원금을 잃지 마라. 두 번째 원칙도 잊지 마라.
첫 번째를 절대 잊지 마라."
- 워런 버핏

"투자에서 성공하려면 똑똑함보다 감정 조절이 필요하다."
- 찰리 멍거

"자신을 이기는 자가 가장 강한 사람이다."
- 공자

하나야, 지훈아.

'원금을 잃지 않는 방법'이 정말 있을까? 이건 아빠가 투자 초창기부터 수없이 되물었던 질문이야. 그리고 오랜 시간 끝에 얻은 결론은 분명하단다. "있다." 그 방법은 놀랄

만큼 단순하지만, 동시에 아주 강력해.

"우상향 자산에 여유자금으로, 분할해서 장기 투자."

이게 아빠가 찾은 정답이야. 복잡한 수식도, 고급 기술도 필요 없어. 필요한 건 세 가지야. '좋은 눈', '올바른 판단', '기다리는 힘'.

### 우상향 자산이란?

그럼 우상향 자산은 어떤 자산일까? 아빠가 말하는 우상향 자산은 이런 특징을 가지고 있어. 시장 점유율이 높고, 기술 경쟁력이 있으며, 소비자가 꾸준히 찾고, 수익과 배당이 해마다 늘어나는 기업. 즉, 시간이 지날수록 가치가 쌓이는 구조를 가진 자산이야.

### 여유자금으로 투자해야 하는 이유

'여유자금'으로 투자해야 하는 가장 큰 이유는 심리 때문이야. 당장 써야 할 돈이나 빌린 돈으로 투자하면 조금만 가격이 떨어져도 조급해지고 결국 손절하게 돼. 반대로 여유자금으로 투자하면 가격이 내려가도 기회로 볼 수 있는 여유와 인내가 생기지. 그래서 찰리 멍거는 이런 말을 했어.

"투자에서 가장 중요한 건 인내다. 어떤 상황에서도 감정을 다스리는 능력이다."

### 싸게 산다는 건 무얼까?

우상향 자산이라도 싸게 사는 게 중요해. 그런데 '싸다'는 건 단순히 PER이 낮거나 주가가 많이 빠졌다는 의미는 아니야. 그 자산이 가진 진짜 가치보다 가격이 낮을 때, 우리는 그것을 '싸다'고 말해. 그 가치를 스스로 판단하려면 기초적인 투자 지식이 꼭 필요해. 그래서 아빠가 말하고 싶어.

"전업투자자인 아빠가 해줄 수 있는 가장 현실적인 조언은, 너희도 투자 공부를 조금씩 해보라는 거야."

그 지식이 너희를 지켜줄 거야.

### 공포를 이겨내는 힘

물론 꼭 숫자만 보는 건 아니야. 더 쉬운 방법도 있어(물론 가장 좋은 건, 공부와 시장 분위기를 읽을 수 있는 힘을 함께 기르는 거야). 아빠가 10년 넘게 주식 모임을 하면서 경험한

게 있어.

시장참여자들은 시장이 하락하면 '더 떨어질까' 하는 두려움 때문에 눈앞에 좋은 기회가 와도 매수를 못하는 경우를 참 많이 봤어. 또 설사 매수를 하더라도 한 입만 먹고 금방 수익 실현을 해버리는 경우도 정말 많았단다. 그만큼 인간은 본능적으로 미래에 대한 공포심을 가지고 있어. 그래서 아빠는 너희 마음을 단단히 세우고 싶었고, 그 마음으로 1부와 2부에서 많은 이야기를 나눈 거야. 남들이 두려워할 때 매수할 수 있는 용기, 그리고 탐욕에서 벗어날 수 있는 용기. 이 두 가지가 시장에서 살아남는 힘이란다.

### 시장의 심리를 읽는 법

우리가 쇼핑할 때는 좋은 물건을 싸게 살 기회를 찾지? 주식도 마찬가지야. 시장이 두려운 상황일수록, 좋은 회사의 주식을 싸게 살 수 있는 진짜 기회가 찾아온단다. 워런 버핏이 자주 말했잖아.

"다른 이들이 탐욕스러울 때 두려워하고, 이들이 두려워할 때 탐욕을 가져라."

그럼 어떻게 '공포'를 기회로 바꿀 수 있을까? 뉴스나 시장 분위기를 살피는 것만으로도 판단의 힌트를 얻을 수 있어. 예를 들면, "주식투자 힘들다", "경제가 망했다", "금융시장 공포" 이런 말들이 쏟아질 때가 있어. 그럴 때는 사람들의 심리가 바닥이고, 좋은 자산조차 함께 바닥을 찍는 경우가 많아.

### 단단한 근육 만들기

그럴 땐 무조건 사라는 게 아니야.

"이 시점이 혹시 기회일까?"

"지금 가격이 내가 생각한 가치보다 싸게 느껴지나?"

이런 질문을 스스로 던져보는 연습이 중요해. 그리고 작은 금액이라도 직접 매수해보는 거야. 그 경험이 너희의 투자 감각을 키우고, 공포를 이겨내는 훈련이 될 거야. 공포를 이겨내고 살아 숨쉬는 투자를 해보는 것. 그게 바로 너희 가슴에 단단한 심리적 근육을 만드는 훈련이란다.

## 마무리하며

존 템플턴도 이런 말을 했지.

"시장에서 피가 낭자할 때가 최고의 매수 기회다. 설사 그 피가 당신의 것일지라도."

듣기만 해도 강렬하지? 이건 단지 용기를 내라는 말이 아니야. 대부분이 움츠러들 때, 그 순간에만 보이는 기회들이 있다는 것. 그게 바로 아주 냉정하고 현실적인 투자자의

**최근 실제 사례: 시장의 폭락과 회복 시기**

| 연도 | 사건 & 공포 국면 | 지수/ETF 최대 낙폭 | 원금 회복 기간 | 교훈 |
|---|---|---|---|---|
| 2008~2009년 | 리먼 브라더스 파산, 글로벌 금융위기 | S&P500 -57% | 약 4년 (2013년 회복) | 역사적 위기 속에서도 핵심 지수는 결국 우상향, 분할매수의 힘 확인 |
| 2020년 3월 | 코로나19 팬데믹 패닉셀 | S&P500 -34% VOO ETF -33% | 불과 5개월 (2020년 8월) | 공포가 극단적일 때 매수한 투자자는 1년도 안 돼 큰 수익 확보 |
| 2022년 | 미 연준 급격한 금리 인상, 기술주 붕괴 | 나스닥100 -35% QQQ ETF -33% | 약 18개월 (2023년 6월) | 금리 충격도 장기 성장 섹터의 근본 가치는 꺾기 어려움 |

조언이야.

### 포인트
이 세 차례 모두 "경제가 끝났다"는 기사와 공포가 만연했지만, 우량 자산을 꾸준히 모은 투자자는 결국 원금뿐만 아니라 초과 이익까지 얻었단다.

### 한 줄 요약
"우상향 자산을 여유자금으로 꾸준히 담고, 시장의 공포를 내 편으로 만들어라."

❦

분할 매수 후 장기 보유가 원금 손실을 막는 최선의 방법이다.

감정 조절이 성공 비결이다.

아빠의 한마디!

"가만히 있을 줄 알아야 산다."

# 투자는 무엇일까?

～

"투자는 좋은 회사를 적정한 가격에 사서
오래 보유하는 일이다."
- 워런 버핏

"투자는 숫자의 게임이 아니라, 인내심의 마라톤이다."
- 모건 하우절

"투자는 인내와 고독의 싸움이다."
- 앙드레 코스톨라니

"투자는 우상향할 자산을 찾아,
내 판단을 믿고 긴 시간을 버티는 것이다."
- 아빠가


하나야, 지훈아.

언젠가 너희가 투자를 시작할 때가 오면, 너무 어렵게

생각하지 않았으면 해. 사실 투자는 정말 단순한 일이야. 좋은 회사를 찾아 그 가치를 알아보고, 그 누구보다도 오래 믿고 기다리는 것. 하지만 그 단순함을 지키는 일은 결코 쉽지 않아. 시장은 늘 사람의 마음을 흔드는 수많은 유혹으로 가득해.

"이 종목은 3배 오를 거래."

"지금 안 사면 큰 기회를 놓치는 거야."

"더 이상 늦으면 끝장이야, 팔아야 해."

이런 말들이 매일같이 들려오지. 그 유혹에 흔들릴 때면, 사람들은 자신이 세운 원칙을 쉽게 잊고 만단다. 그래서 너희에게 꼭 알려주고 싶은, 투자의 길을 묵묵히 걸어간 다섯 명의 위대한 투자자의 이야기를 들려주고 싶어.

"좋은 회사를 적정한 가격에 사서 오래 보유하는 것. 복리를 위해서는 가만히 있는 것도 능력이다." - 워런 버핏

"똑똑한 전략은 필요 없다. 단순하고 효과적인 전략을 감정 없이 반복하는 능력이 중요하다." - 찰리 멍거

"투자는 인내와 고독의 싸움이다. 시장은 심리의 전쟁터이고,

그 전쟁에서 이기려면 때로 아무것도 하지 않는 용기가 필요하다." - 앙드레 코스톨라니

"자신이 이해하고 아는 기업에 투자하라. 가장 뜻밖의 곳에서 최고의 투자 아이디어가 찾아올 수 있다."- 피터 린치

"회사의 숫자는 과거를 말하지만, 그 회사 사람들은 미래를 보여준다. 기업의 사람과 문화를 잘 보아야 한다." - 필립 피셔

투자는 단지 돈을 벌기 위한 행위가 아니야. 투자는 자신의 시간과 마음, 생각을 담아내는 '미래를 향한 약속'이란다. 투자는 삶을 조금 더 깊고 단단하게 만드는 과정이지. 먼저, 투자는 '불확실성'이라는 안개 속에서 길을 찾는 일과 같아. 미래는 아무도 알 수 없지만, 너희가 가진 지혜와 경험, 그리고 끊임없는 배움으로 길을 찾는 거야. 때론 흔들리고 두려울 수 있겠지만, 감정에 휘둘리지 않고 침착히 나아가야 해. 그리고 투자는 '자신에 대한 깊은 이해'에서 시작해.

너희가 누구인지, 어떤 길을 걸을지, 어떤 어려움을 견딜 수 있는지 알아야 올바른 길을 선택할 수 있단다. 남의

말을 따르는 대신, 너희 자신만의 목소리에 귀 기울이길 바라. 또한, 투자는 '배움과 성장의 여정'이야.

시장과 세상은 늘 변하고, 그 속에서 새로운 기회를 발견하는 사람이 살아남지. 실패를 두려워하지 말고, 실패 속에서 배우는 용기를 가지렴. 마지막으로, 투자는 '책임과 배려'도 필요해. 자신뿐 아니라, 주변과 사회, 자연까지 생각하는 마음이 함께해야 진짜 가치를 이룰 수 있어.

지속 가능한 세상을 위한 작은 행동이 큰 변화를 만든다는 걸 잊지 말자. 결국, 투자는 너희가 사랑하는 사람들과 함께 행복한 미래를 만들어가는 '삶의 예술'이야. 쉽지 않은 길이지만, 조금씩 단단해지고 넓어지는 너희 마음을 믿으며 너희가 걸어갈 그 길을 항상 응원할게.

좋은 회사를 찾아 오래 믿고 기다리는 것이다.
유혹에 흔들리지 말고 꾸준히 가렴.
아빠의 한마디!
"투자는 인내와 고독의 싸움이다."

# 나를 키우는 최고의 투자



"당신 자신에 대한 투자는, 가장 큰 보상으로 돌아온다."
- 워런 버핏

"사람들이 스스로에게 투자하지 않는 이유는,
수익률을 눈으로 바로 볼 수 없기 때문이다."
- 모건 하우절

"지금의 너는, 과거의 너의 선택들이 만든 복리 수익이다."
- 아빠가


하나야, 지훈아.
살다 보면 사람들이 자주 묻는 질문이 있어.
"요즘 어디에 투자해야 해요?"
"주식? 부동산? 코인?"

그 질문 속에는 '빠르게, 크게, 단숨에 인생을 바꾸고 싶다'는 마음이 숨어 있어. 하지만 아빠가 단호하게 말하고 싶은 건, 진짜 투자해야 할 것은 바로 '너 자신'이란다. 너 자신에게 하는 투자는 눈에 보이지 않고, 당장의 결과도 알기 어렵지만 가장 확실하고 오래가는 투자야.

  아빠도 한때는 쉽게 포기하기도 했단다. 공부도 힘들었고, 운동도 즐기지 않았지. 하지만 매일 조금씩 스스로를 바꾸려 노력하면서 책 한 권 읽기, 하루 10분 걷기 같은 작은 습관을 시작했어. 처음엔 별것 아니라고 생각했지만, 책을 읽으며 세상을 바라보는 눈이 넓어졌고, 그 덕분에 투자에도 큰 도움이 되었단다. 또 습관이 된 운동 덕분에 또래에 비해 건강한 몸을 유지할 수 있었지. 그때 쌓은 습관들이 내가 오늘 이 자리에 설 수 있게 해준 큰 힘이 되었단다.

  마음을 다스리는 일도 정말 중요해. 화가 날 때마다 깊게 숨을 쉬며 감정을 다스리는 법을 배우니, 힘든 순간에도 마음이 한결 편안해지고 잘 이겨낼 수 있었단다. 이렇게 작은 변화들이 모여서 너희 자신에게 하는 진짜 투자가 되는 거야.

세상에 좋은 투자 대상은 많지만, 네가 키운 자신감과 실력, 마음의 힘은 위기에도 흔들리지 않고, 실패에도 다시 일어설 수 있으며 어디에 있든 너를 증명할 거야. 그러니 기억하렴.

"스스로를 성장시키는 데는 시간과 돈, 정성을 아끼지 말 것."

그것이 너의 실력과 태도, 사람됨으로 돌아올 거야. 사람은 결국 자기 자신이 쌓아온 만큼 살아간단다. 그리고 그 투자가 가장 환하게 빛나는 곳은 바로 너 자신이란다.

자기 자신에게 꾸준히 투자하는 것이 가장 확실하다.
작은 습관이 큰 변화를 만든다.
아빠의 한마디!
"너 자신이 최고의 자산이다."

# 계영배
## 가득 참을 경계하라

"탐욕은 파멸의 가장 빠른 길이다."
- 앙드레 코스톨라니

"절제는 복리처럼 작지만, 파괴는 순간의 폭발로 다가온다."
- 모건 하우절

"가득 차면 넘치니, 지금의 충분함을 소중히 여기자."
- 아빠가

하나야, 지훈아.

아빠의 서재에는 작은 술잔 하나가 있어. 겉보기엔 아무런 장식도 없고, 특별한 기능도 없어 보이지만 아빠에게는 가장 강력한 경고장 같은 물건이란다. 그 술잔의 이름은 계영배戒盈杯야. 계영배는 이런 모습이란다. 술을 적당히 따르면 괜찮지만, 가득 부으면 안에 있던 술이 전부 흘러 넘쳐버리지. 잔을 채우는 순간, 그 안에 있던 모든 것이 사라지는 구조야. 정말 단순하지만, 너무나 강력한 메시지를 담고 있단다.

"가득 참을 경계하라."

사람은 무언가가 잘되기 시작하면 더 많이 가지고 싶고, 더 빨리 이루고 싶고, 더 완벽하게 채우고 싶어져. 하지만 그 마음이 차오를 때가 바로 가장 위험한 순간이야. 아빠도 한때 그런 적이 있었단다. 2015년 상반기, 꽤 괜찮은 투자 수익을 냈지만 남들과 비교하며 부족함을 느꼈지. 그래서 더 벌고 싶다는 욕심에 평소 하지 않던 무리한 투자도 하게 되었단다. 그해 8월, 시장이 하락하며 상반기에 벌었던 수익도 모두 날려버렸어. 결국 내가 만든 성과를 내가 무너뜨린 셈이지.

이건 투자뿐 아니라 인생에서도 마찬가지란다. 성과를 내면 조급해지고, 인정받으면 욕망이 커지고, 돈이 많아질수록 더 잃기 싫어지지. 그 순간, 계영배의 술은 넘치게 돼. 『돈의 심리학』에도 이런 말이 나와.

"절제는 복리처럼 천천히 쌓이지만, 탐욕은 한 번의 선택으로 모든 걸 무너뜨린다."

그래서 아빠는 그 계영배를 늘 눈에 보이는 곳에 두고, 스스로에게 묻기도 해.

"지금 나는 욕심으로 움직이고 있는가?"

"지금 이 선택은 가득 채우려는 것인가, 적당히 담으려는 것인가?"

우리는 자주 모자람을 두려워해.

'이것만 있으면 충분할 텐데.'

'조금만 더 모아야지.'

'조금만 더 채우면 완벽해질 거야.'

하지만 진짜로 경계해야 할 건 '모자람'이 아니라 '넘침'이란다. 너희가 살아갈 미래에도 성공, 인정, 부, 성과……. 그 모든 유혹이 너희를 더 채우라고 속삭일 거야. 그럴 때 조용히 생각하렴.

"이건 나를 위한 채움인가? 아니면 남을 의식한 과잉인가?"

진짜 단단한 사람은 자기를 채우는 법보다 자기를 '덜어

내는 법'을 아는 사람이란다. 너희도 마음속에 하나쯤 계영배를 품고 살았으면 좋겠어. 넘치지 않는 삶, 넘기지 않는 말, 넘어가지 않는 욕심. 그 절제와 자각이 너희 삶을 더 깊고 단단하게 만들어줄 거야. 모자람을 두려워 말고, 넘침을 경계하길 바라.

욕심은 파멸의 길이다.
적당함을 알고 절제하렴.
아빠의 한마디!
"넘침보다 덜어냄을 배우자."

# 밀려나는 다수, 살아남는 자

하나야, 지훈아.

"로봇과 인공지능이 모든 노동을 대신하게 된다면, 사람은 뭘 하며 살아야 할까?"

이 질문은 먼 미래 이야기가 아니라, 이미 시작된 생존 전쟁이야.

**첫째, 노동은 '존엄'보다 '생존'이 먼저다.**

사람들은 종종 노동을 통해 자아를 실현하고, 존엄을 지키고, 창조성을 펼친다고 말하지. 하지만 그런 말은 대부분 배부른 사람들의 이야기야. 현실에서 노동은 살기 위한 것, 즉 "생존의 수단"이었고, 앞으로도 그럴 거야. 그리고 다수가 이 생존의 기회에서 밀려날 거야.

[예시]

2024년 국내 한 제조업체가 자동화 설비 도입으로 200명 이상의 노동자를 감원했다는 뉴스가 있었어. 그들에게 노동은 자아실현이 아니라 가족을 부양하기 위한 생존의 문제였지.

-「자동화 확산에 따른 제조업 감원」, 『한국경제』(2024년 3월 15일)

또 다른 예로, 2023년 한 중소기업 근로자는 자동화 시스템 도입 후 일자리를 잃고 생계가 어려워졌다는 보도가 있었단다.

-『매일경제』(2023년 11월 20일)

**둘째, 로봇과 AI는 다수를 밀어낸다.**

기계는 쉬지 않고, 실수 없고, 비용도 적어. 사람은 느리고, 감정적이고, 비싸고, 병도 나. 가장 먼저 밀려나는 사람은 단순노동자, 중간기술 숙련자, 변화에 익숙하지 않은 중장년층이야. 결국 다수가 '잉여 인력'으로 전락하는 시대가 오고 있어.

[예시]

세계적 물류기업 아마존은 AI와 로봇을 활용해 주문 처리 속도를 높였지만, 수천 명의 단순 작업자가 일자리를 잃었다는 보도가 있어. 특히 40대 이상 숙련 노동자들이 큰 영향을 받았단다.

- 「아마존 자동화에 따른 고용 변화」, 『블룸버그』(2023년 11월 20일)

또한, 2024년 독일 자동차 공장이 로봇 도입으로 인력 감축을 계획하며, 중장년 근로자의 고용 불안이 커지고 있다는 뉴스도 있었어.

- 『독일 도이체벨레』(2024년 1월 15일)

### 셋째, 재교육과 기본소득? – 현실은 다르다.

국가는 말하지.

"재교육 시켜줄게."

"기본소득 줄게."

하지만 실제로는? 재교육은 상위 일부만 살아남고, 기본소득은 자존감을 무너뜨리며 사람을 소비자이자 의존자로 만든다.

[예시]

2023년 국내 재교육 프로그램 참여율은 높았으나, 실제 재취업까지 연결된 비율은 20%에 불과하다는 정부 발표가 있었어.
- 「재교육 정책 실효성 논란」, 『서울신문』(2023년 12월 5일)

기본소득 실험에서는 일부 수혜자가 경제적 의존과 자존감 저하를 경험했다는 해외 연구 결과도 있었단다.
- 「기본소득 실험 결과 분석」, 『BBC』(2023년 10월 10일)

넷째, 진짜 생존의 힘은 '내가 만든 소득'에 있다.

소득은 누가 주는 게 아니라, 스스로 만들어야 해. 단기적으로는 작은 돈이라도 벌 수 있는 능력을 갖춰야 하고, 장기적으로는 자본소득을 준비해야 해. 즉, 우상향하는 자산에 투자해야 해. 아빠가 그동안 주식에 투자해왔던 이유도 그거야. 돈이 일하게 하고, 그 자산이 꾸준히 상승하도록 좋은 기업과 좋은 자산을 골라내야 해.

**다섯째, 자산을 불리려면, 멈추지 말고 배워야 한다.**

돈이 없다고 걱정하는 사람보다 배움을 멈춘 사람이 더 위험해. 세상은 계속 바뀌고 기회는 계속 새롭게 생겨. 그러니 독서와 경험을 멈추지 마. 배우고 일하고 투자하고 다시 배우는 이 사이클이 너희 삶을 주체적으로 이끌어줄 거야.

하나야, 지훈아.
생존이 먼저야. 하지만 그 생존은 남이 만들어주지 않아. 너는 너만의 방식으로 벌어야 해. 그리고 투자로 준비해야 해. 그걸 위해 필요한 건 나만의 노동, 꾸준한 학습, 우상향하는 자산에 대한 믿음이야.

**노동은 생존 수단이다.**
**기계 시대, 스스로 소득을 만들어야 한다.**
**계속 배우고 성장하렴.**
**아빠의 한마디!**
**"생존은 내 손에 달렸다."**

제4부

★★★

# 아빠가 너희에게 바라는 것은

# 단단하게, 자기답게 살아가기를

하나야, 지훈아.

이제 이 책의 마지막 장을 쓰고 있어. 처음엔 그저 아빠가 살아오며 느낀 것들을 정리하려 했는데, 쓰면 쓸수록 이게 아빠의 기록이 아니라, 너희에게 보내는 편지란 걸 알게 되었단다. 아빠가 너희에게 바라는 것은 많지 않아. 거창한 것도 아니고, 아주 간단해. 그저 너희가 이 세상을 자기 발로 단단히 딛고, 자기답게 살아가길 바라는 것, 그게 전부란다.

첫째, 서로 사랑하며 살아가렴. 너희 둘은 특별한 존재야. 어릴 땐 서로 의견이 엇갈려 다투는 순간도 있겠지만, 시간이 흐르면 서로 가장 깊이 아는 친구가 될 거야. 가족은 멀리 있어도, 말이 없어도 서로 가장 먼저 생각나는 소중한 인연이란다.

둘째, 너희 삶을 너희 기준으로 살아라. 세상은 많은 말을 해.

"이렇게 살아야 해."

"이게 맞는 길이야."

하지만 정말 중요한 건, 너희 마음속 목소리를 듣는 거야. 남들이 뭐라 해도, 너희가 기쁘고, 후회 없고, 떳떳하면 그게 바로 정답이지. 한 번뿐인 인생, 재밌게 살아라.

셋째, 스스로 성장하고 주변을 도울 수 있는 사람이 되렴. 돈도, 성공도 중요하지만, 진짜 멋진 사람은 자신의 성장으로 누군가에게 희망이 되는 사람이란다. 작은 친절, 한마디 격려가 누군가 삶을 바꾸는 씨앗이 될 수 있어.

아빠는 완벽하지 않아. 실수도 많고, 후회도 많단다. 때로는 지치고 무너질 때도 있었지. 하지만 단 한 가지는 확실해. 아빠의 마음은 언제나 너희를 향해 있다는 것. 나에게 가장 큰 선물은 너희의 성장이란다. 언젠가 오랜 시간이 지나 이 책을 다시 읽을 때도, 이 글들이 너희 마음을 따뜻하게 감싸주길 바란다. 그때도 아빠는 어딘가에서 조용히 너희를 응원하고 있을 거야. 부족한 아빠, 엄마의 자녀로 태어나줘서 고마워.

    하나야, 지훈아.

    사랑하고, 언제나 응원한다.

    너희 아빠가.

• 에필로그 •

마지막으로, 아빠가 너희에게 남기고 싶은 이야기 하나야, 지훈아.
아빠가 예전에도 자주 했던 말, 기억나니?
"우리 모두 부모와 자식이라는 관계는 처음이기에 서툴 수밖에 없어. 그래서 서로 이야기하고, 서로를 배려하는 게 정말 중요해."
그래서 우리는 참 많이 대화했지. 그 덕분에 사춘기도 조용히 지나갔고, 지금도 함께 웃는 시간이 많아서 아빠랑 엄마는 매일 고맙고, 또 고마워한단다. 가끔 아빠는 이런 생각을 해.
"내가 너희 나이였을 때, 누군가 이런 이야기를 해줬더라면……. 내 인생이 조금은 덜 흔들리지 않았을까?"

아빠는 완벽한 사람이 아니야. 두려움도 많았고, 때론 조급했지. 하지만 단 하나, '내 삶을 스스로 선택하며 살고 싶다'는 마음만큼은 언제나 진심이었어. 사람들은 흔히 성공을 말할 때 돈이나 명예, 직업, 학벌 같은 겉으로 보이는 조건들을 이야기해. 하지만 아빠는 살아보니까 알겠더라. 진짜 성공은 남들이 정한 기준을 채우는 게 아니라, 스스로 이렇게 말할 수 있는 상태야.

"나는 지금 내 삶을 사랑하고 있는가?"

"지금의 나는 내가 원해서 선택한 나인가?"

"내 시간을 타인을 위해서가 아니라, 나를 위해 쓰고 있는가?"

"나는 지금, 내가 원하는 시간에 원하는 공간에 머물고 있는가?"

성공이란 건, 결국 인생이란 건 '내 시간'과 '내 공간'을 '나 자신을 위해' 쓸 수 있는 자유를 얻는 일이야. 장자가 말했듯, 아무것에도 매이지 않고 유유히 떠나는 삶. 아빠는 그것이 진짜 단단하고 자유로운 인생이라고 생각한단다. 이 책을 쓰면서, 아빠는 너희가 어떤 삶을 살아가게 될

지 마음속으로 그려봤어.

어쩌면 실패를 겪고, 누군가와 비교되고, 스스로를 잃어 버릴 것 같은 순간도 있을 거야. 그럴 때마다, 이 책이 너희 에게 잠시 멈춰 숨 쉴 수 있는 공간, 그리고 다시 마음을 다 잡을 수 있는 조용한 거울이 되어주었으면 해. 그리고 꼭 기억하자. 삶은 계획대로 흘러가지 않아도 괜찮아. 실수는 성장의 다른 이름이고, 정답보다 더 중요한 건 스스로에게 솔직한 선택이란다.

너희는 남과 다른 시간을 살아도 괜찮아. 빨라도, 느려 도, 돌아가도 좋아. 너희의 시간은, 너희만의 것이니까. 아 빠는 너희가 스스로를 잃지 않는 단단한 사람이 되길 바란 다. 돈이 있어도, 시간이 많아도, 자기 자신을 잃어버리면 아무 소용이 없거든. 그러니 스스로를 사랑하고, 작은 성취 에 감사하며, 언제나 배우는 마음을 잃지 말아줘. 타인의 세 상이 아니라, 너희만의 세계를 스스로 만들어가길 바라.

그리고, 이 책이 우리의 대화처럼 언젠가 너희 곁에 조 용히 머물 수 있기를 바란다. 마지막으로, 공포와 탐욕이 휘 몰아치는 투자 세계 속에서, 단 하나의 최선을 선택해야 했던 전업투자자의 외로운 길 위에서, 조용히 곁을 지켜준 사랑하는 아내에게 깊은 감사를 전합니다. 당신 덕분에 내가 흔들리지 않을 수 있었고, 이 책이 완성될 수 있었어. 당신을, 지금도 사랑합니다.

## 세상의 속도에
## 휩쓸리지 마

ⓒ 유이성

초판 1쇄 2025년 11월 14일 찍음
초판 1쇄 2025년 11월 28일 펴냄

지은이 | 유이성
펴낸이 | 이태준

인쇄·제본 | 지경사문화

펴낸곳 | 북카라반
출판등록 | 제17-332호 2002년 10월 18일

주소 | (03790) 서울시 서대문구 응암로 28, 4동 303호
전화 | 02-486-0385
팩스 | 02-474-1413

ISBN  979-11-6005-159-9  03190

값 15,000원

북카라반은 도서출판 문화유람의 브랜드입니다.
저작물의 내용을 쓰고자 할 때는 저작자와 북카라반의 허락을 받아야 합니다.
파손된 책은 바꾸어 드립니다.